Les Français à table

DIEU ET MON DROIT … HOTEL AND RESTAURANT

Cantaloup Rafraîchi

Saturday 15th August 08

—DINER—

Hors d' Œuvre Variés

Consommé en Tasse à la Gelée
Garbure de Légumes Printanière

Saumon Froid Sauce Rémoulade

Poularde Montmorency

Côtes de Mouton Richelieu

Grouse d'Ecosse sur Canapés
Salade

Haricots verts au Beurre

Glace Plombière
Friandises

SALON F…
Private & R…

Crème Princesse
Saumon Sauce Vénitienne
…s de Charolais aux Truffes du Périg…
Fonds d'Artichauts Favorites
Pintades Truffées
Petits Pois Cœur de Laitue
…oie Gras Strasbourgeois en Bellevue
Salade
Glace Egyptienne
Corbeilles de Fruits
Damiers de Petits Fours

Bordeaux Blanc et Rouge
Zwicker
Château de Sales 1918
Croix Saint-Louis 1916
Café
Champagne
Fine ou Liqueurs

MARIAGE DE
Mr DARGENT -:- Mlle DORY
28 AVRIL 1914

Menu

POTAGES
Saint-Germain, Tapioca
HORS-D'ŒUVRE VARIÉS
RELEVÉ
Saumon sauce Mousseline
ENTRÉES
Croustades de Volailles
Filet de bœuf Financière
Ris de Veau Princesse
Sorbet au Champagne
ROTIS
Chapons et Pintades truffés
Salade
LÉGUMES
Asperges sauce Hollandaise
Haricots Verts Sévigné
ENTREMETS

Menus

MAQUEREAU A LA MAITRE D'HOTEL
NAVARIN JARDINIÈRE
ROSBIF FROID ET SALADE
CROQUETTES DE RIZ

POTAGE TAPIOCA
PETITS SOUFFLÉS AU FROMAGE
CULOTTE DE BŒUF A LA CARÊME
POULET ROTI
ARTICHAUTS SAUCE HOLLANDAISE
PUDDING DE CABINET

ARTICHAUTS A LA TRÉSORIÈRE
FOIE DE VEAU SAUTÉ A LA POÊLE
HARICOTS VERTS
TOT-FAIT

POTAGE SANTÉ
CROQUETTES DE VEAU
GIGOT A L'ANGLAISE
CANETON ROUENNAIS FARCI
CAROTTES A LA VICHY
SUPRÊME PRALINÉ

MOULES A LA POULETTE
CHOUX-FLEURS AU GRATIN
SALADE DE POMMES DE TERRE
CRÈME RENVERSÉE

POTAGE PARMENTIER
FILETS DE MAQUEREAUX A LA VÉNITIENNE
TIMBALE DE GNOCCHI
HARICOTS VERTS A L'ANGLAISE
SOUFFLÉ A LA VANILLE

ŒUFS DE VANNEAU A LA VAN LAAR
FILETS DE SOLE A LA MORNAY
POULET GRILLÉ A LA DIABLE
ASPERGES SAUCE MOUSSELINE
SAVARIN

POTAGE PRINTANIER
TIMBALE DE FILETS DE SOLE A L'AMBASSADR…
CANETONS AUX PETITS POIS
NOISETTES DE PRÉ-SALÉ PRINCESSE
DINDONNEAUX NOUVEAUX ROTIS SUR CRESSO…
TRUITE SAUMONÉE EN GELÉE
SALADE DE LÉGUMES
BOMBE GLACÉE

Menu du 3 Juin 1900
1ère Communion Georges

Potage printanier
Timbales à la Vatel
Contre-filet Provençal
Tomates farcies
Canetons à la Française
Petits pois
Langouste Parisienne
Bombe Dijonnaise
Fruits. Desserts.

Liqueur Grand Marnier

…me au Verm…
1er Service.
…mon glé Mre d…
Mton à l'A…
…eau pmes Par…
…es B…
2e Service.
…s froides gelée…
…es chaudes et …
…é glacé au Ch…
Dessert.
…es Fromages.
Fraises
Macarons
Petits Fours

---

du 31…
…elon Gl…
…e Fines …
Veau R…
Volaille …
côtes Gril…
…es Saut…
…nversation…

DESSERT

ÉDITÉ PAR : ÉDITIONS COBRA
18-22, rue des Poissonniers
92200 - Neuilly-sur-Seine

Sommaire

Introduction

En l'espace d'une cinquantaine d'années, la cuisine et l'art de la table, les modes de consommation et les produits alimentaires eux-mêmes ont considérablement changé, alors que, dans le même temps, subsistaient des traditions ancestrales fortement enracinées dans les terroirs et les mémoires. Rapidement ont ainsi coexisté le goût du pain de campagne et celui du kiwi de Nouvelle-Zélande. Si l'on prend comme repères chronologiques les années 1910 et la fin des années 1960, que de bouleversements ont marqué cette période !

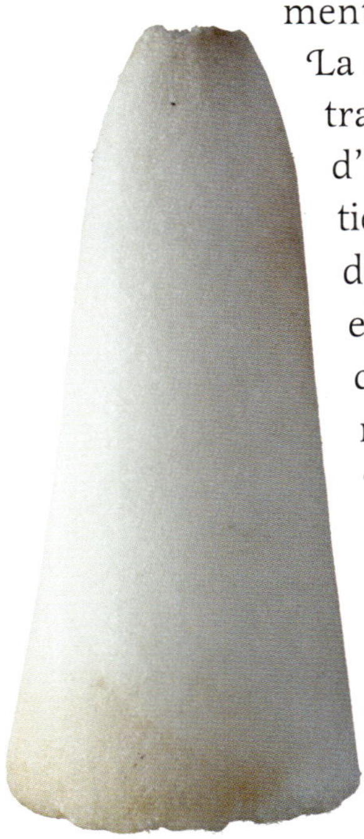

La cuisine elle-même comme espace de travail, surtout en ville, a bénéficié d'une modernisation qui passait essentiellement par la réfrigération et le mode de chauffage : deux techniques qui, à elles seules, ont modifié du tout au tout la manière de conserver et de cuisiner les aliments, participant du même coup au processus de libération de la ménagère. Les nouveaux matériaux (plastique, téflon, etc.) allaient dans le même sens, tandis que le Salon des arts ménagers proposait chaque année de séduisantes nouveautés. C'est à partir de 1948 que l'électroménager commença à connaître un essor particulier (1954, premier robot-mixer ; 1960, premier grille-pain automatique ; 1967, premier couteau électrique). Des produits comme la soupe en sachet ou le bouillon en cube permettaient de gagner plusieurs heures dans la préparation des repas : désormais plus libre de son temps, la ménagère pouvait également décider, quand elle

en avait envie, de mitonner un plat traditionnel comme la blanquette de veau ou le cassoulet, le petit salé aux lentilles ou la choucroute (par ailleurs mis en boîte pour d'autres circonstances).

Dans la seconde moitié du XXe siècle, l'Europe connaît enfin la satiété alimentaire et, de surcroît, la variété. La chaîne industrielle a tendance à effacer le rythme des saisons, à briser la monotonie des repas, à modifier les temps ou les façons de cuire. Les vacances (depuis les congés payés), puis l'exotisme, conduisent à découvrir de nouveaux produits et d'autres cuisines, que d'autres événements plus dramatiques ont également contribué à diffuser (la guerre d'Indochine pour la cuisine asiatique ou l'arrivée des pieds-noirs en France pour la cuisine algérienne).

Et pourtant les traditions culinaires régionales continuent de survivre, voire renaissent de leurs cendres, tandis que la vogue de la cuisine bourgeoise n'a jamais cessé de tenir son rang. Les fêtes du calendrier, familiales ou religieuses, n'ont jamais disparu et continuent de marquer des jalons ineffaçables des mémoires. Quant aux exigences diététiques du bien manger, elles ne sont apparues que lorsque les excès citadins du fast-food ont commencé à faire valoir ses erreurs. L'impact des chefs, retransmis par de nouveaux médias (radio, puis télévision, mais aussi magazines féminins ou spécialisés, édition de beaux livres), a en outre diffusé des modes et des tendances que le public a adoptées aussi facilement que les préceptes

parfois contradictoires de l'hygiène alimentaire. C'est au cours de la première moitié du xxe siècle que l'alimentation est devenue un marché de consommation de masse. Alors que les modes de vie ont été profondément modifiés par l'urbanisation, l'industrialisation, la professionnalisation des femmes et la hausse du niveau de vie (et de l'éducation), la généralisation de l'automobile, l'accès de plus en plus large des populations aux loisirs, aux vacances et aux voyages ont accéléré davantage le mouvement. Néanmoins, la traditionnelle structuration des repas n'a pas disparu. Même en ville et même chez les jeunes, les heures des repas ont toujours possédé une signification particulière. Alors que la tendance à une plus grande homogénéité des comportements semblait se propager sur le modèle américain du grignotage devant la télé, l'attachement à son identité, face à la normalisation, se démontrait encore par un attachement évident. D'où, parallèlement aux évolutions modernistes, la redécouverte des cuisines de pays. Les cuisines régionales, partout en Europe, que l'on aurait pu croire menacées, font partie d'un patrimoine revendiqué comme tel.

C'est en retraçant les moments forts de la vie quotidienne à la ville et à la campagne entre 1900 et 1968, en revisitant l'équipement ménager et ses acquisitions durant cette période, en relisant aussi les publications les plus marquantes, en évoquant les fêtes du calendrier et les traditions culinaires qui perdurent, en revisitant les jalons de la grande cuisine et la place des chefs que l'on peut apprécier l'impact des évolutions et des révolutions qui ont marqué la table en ces années charnière, qui font les souvenirs de la table d'en France.

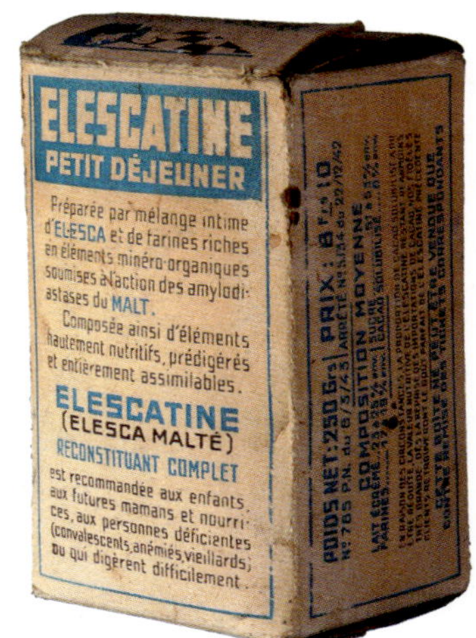

Présidé par le père, le repas du soir est un moment important après la journée de travail. La mère assure le service ; elle se mettra à table une fois que chacun aura mangé.

La campagne nourricière

À l'ouverture des cités sur le monde répond l'autarcie des campagnes, qui produisent tout ce qui convient à leur subsistance : des produits qui permettent à chaque région de cultiver une originalité, une personnalité unique.

En à peine soixante-dix ans, les campagnes françaises ont certes connu certaines transformations dans la vie de tous les jours, mais la force des traditions a laissé une empreinte encore bien vivante à la fois dans les coutumes, les pratiques et le mode de vie, bénéficiant d'ailleurs d'un revival d'autant plus marquant que les citadins redécouvrent, à la faveur des vacances ou des séjours dans leurs familles d'origine, des procédés, des usages et des manières de consommer comme jadis. Usages qui se sont réimplantés avec succès, comme par exemple les week-ends à la ferme où l'on apprend à cuisiner comme autrefois, à faire ses conserves ou son foie gras.

Notons néanmoins en préambule que, dans bien des régions, l'eau courante n'est devenue un début de réalité qu'à la fin des années 1950, tandis que le réfrigérateur était, encore en 1958, une quasi-exception aussi bien dans le Périgord qu'en Normandie, en Auvergne, en Corse ou en Savoie. En Basse-Normandie, dans le Cotentin, chaque maison possède, en 1964, une pompe à eau en fonte à laquelle on va remplir seaux et brocs, tant pour la cuisine que pour la toilette ou la lessive.

Dans une petite carriole tractée par un chien, cette femme vient vendre ses fromages à la ville.

Les foires aux bestiaux sont des lieux de rencontre essentiels pour les fermiers : ici en 1935 dans les Vosges, au val d'Ajol (encore célèbre aujourd'hui pour sa foire aux andouilles en février), on négocie la vente d'un taureau.

Notons aussi le phénomène typiquement rural de la foire. La société villageoise vit la foire (dont l'existence, partout en France, remonte au Moyen Âge) comme une ouverture vers un mode de vie nouveau. La plénitude des foires et des marchés durera jusqu'à la Seconde Guerre mondiale. La France ne fut jamais autant couverte de ces effervescences qui, à intervalles réguliers, transformaient le pays en immenses rendez-vous où se rencontraient les activités commerciales et les menus plaisirs. Les foires étaient enfin un lieu de culture : un agronome estimait dans les années 1910 que les paysans apprenaient plus de français dans les foires qu'à l'école, qu'ils y avaient aussi appris à manier le prix des marchandises et du bétail. Ces foires avaient une telle renommée que les ouvriers agricoles se faisaient embaucher à une condition : celle de pouvoir assister aux foires qui se tenaient dans la région.

Le broc, ici en métal émaillé, servait à transporter l'eau de la fontaine ou l'eau de pluie soigneusement récoltée.

Le principe sacré de l'autosubsistance

S'il est un principe qui régit la vie quotidienne dans les campagnes en France durant toute la première moitié du XXe siècle, et même jusque dans les années 1970, c'est celui de l'autarcie. De la basse-cour au jardin potager, tout est fourni et consommé sur place : volailles dans les enclos et lapins dans les clapiers grillagés (on envoie le gamin couper l'herbe des fossés pour les nourrir), légumes pour la soupe, salades, haricots verts et fruits frais. De première nécessité pour une population rurale qui doit se suffire à elle-même, le potager est dans certaines régions comme la Corse par exemple une

Dans les campagnes et les hameaux, la halte d'un commerçant en camionnette (ici le boucher, en Charente, en 1931) constitue un moment de convivialité bienvenu pour les habitants.

D'une grande précision, la balance romaine permet de peser des poids pouvant aller jusqu'à 10 kg grâce à ses deux anneaux.

véritable institution : pas de village qui ne soit prolongé sur quatre côtés par des jardins en terrasses, gagnés sur les châtaigniers ou le maquis. Irrigué en permanence par un système ingénieux de rigoles, enrichi de fumier de mouton ou de chèvre, le jardin potager corse produit notamment des gros haricots blancs ou rouges qui s'enroulent le long d'immenses perches, des fèves, des pois chiches et des lupins, ainsi que des pommes de terre. Nombreux aussi sont les paysans qui possèdent quelques ruches dans un endroit bien ensoleillé.

Chasse, pêche et cueillette complètent naturellement un approvisionnement que l'on n'imaginerait pas aller acheter sur le marché. Et c'est ainsi que, selon les lieux, l'ordinaire s'enrichit de bécasses ou d'écrevisses, de myrtilles ou de cèpes. Seuls les produits d'épicerie pure (le sel et le poivre, l'huile, le café et la chicorée, le sucre, ainsi que le tabac) sont des denrées commerciales. Il faut d'ailleurs signaler l'apparition, dans les années 1950, de la camionnette-épicerie qui sillonne les campagnes, apportant dans les hameaux reculés, non seulement le pain lorsqu'il n'y a pas de boulangerie locale, mais aussi, nouveauté contradictoire et pourtant bien réelle, des sachets de soupes en poudre ! Le potage, fait à base de

L'apiculture est l'une des occupations rurales les plus répandues en France : ici en 1932, le transport des ruches en paille a lieu après l'enfumage des abeilles qui permet la récolte du miel.

Cette scène, qui se déroule en 1900, a encore lieu de nos jours dans certaines régions. Le cochon, attentivement nourri toute l'année, va être sacrifié pour assurer les provisions de l'hiver (lard, salaisons, boudins et saucisses).

Les pots en grès sont utilisés comme saloir.

légumes (poireau, carottes, potiron, choux) ou de lait, est pourtant l'un des aliments les plus répandus. Préparé pour plusieurs jours, il se consomme, avec ou sans pain, aux trois repas de la journée : le matin, le midi et le soir. Les abattis (tête, pattes et ailerons de volaille) parfument le bouillon.

Depuis des temps immémoriaux, la tuerie du porc s'inscrit solidement dans une tradition paysanne dont l'universalité est frappante et qui se pratique encore de nos jours. En hiver, quand il fait froid. Généralement entre le 15 décembre et la fin de février, soit avant Noël, soit avant le Carnaval. On engraisse le cochon et on le tue aujourd'hui en moins grand nombre qu'il y a cent ans : la morphologie de l'animal a changé (plus lourd, mais plus maigre, destiné plus à la découpe de la viande fraîche qu'à celle du salé) et l'apparition du congélateur a bouleversé les habitudes, mais partout où l'abattage se pratique comme dans les années 1950 selon, la tradition (il est toujours toléré par un décret de loi de 1977), comme un antique rituel, demeure le même. C'est « faire mongougne » en Auvergne, c'est la « pèle-porc » du pays tarbais, la « pelère » en Béarn ou la « tua » en Bretagne. Égorgé, ébouillanté, raclé jusqu'à la dernière soie, il s'offre au découpage. Rien ne se perd et tout se transforme : jusqu'au nombril que l'on suspendait à la poutre du cellier pour graisser les scies, jusqu'à la vessie qui servait ensuite de blague à tabac. Pas moins de trois jours de travail étaient (sont encore) nécessaires, avec les jambons et les épaules à découper, les boudins à pocher, les saucisses et saucissons à embosser, les rillettes à faire mijoter, les farces de pâté à hacher, et jusqu'à la moindre pièce de viande frottée de sel et rangée dans le saloir. Le sacrifice du cochon reste inséparable de la fête qui réunit parents et amis autour d'un repas pantagruélique. Et comme on disait en Champagne : « Du bois dans la grange, du vin, des pommes de terre dans la cave, un cochon dans le saloir, la neige peut venir. »

Autre exemple d'antique tradition toujours vivante : la chasse, le braconnage et la pêche, selon les régions. La chasse à la palombe, dans le Sud-Ouest, appelée la « fièvre bleue », s'empare des chasseurs qui, en automne, lèvent les yeux vers le ciel et attendent les migrations de centaines de milliers de palombes qui descendent d'Europe et foncent vers leur lieu d'hivernage en passant par le Pays basque et le Lot et Garonne. Les chasseurs d'aujourd'hui, les mêmes que ceux d'hier ou d'avant-hier, ne manquent cela pour rien au monde. Quitte à fermer boutique ! Moment sacré de la chasse, que l'on retrouve dans toutes les régions où le gibier ne manque pas et dont la tradition se transmet de génération en génération. Le retour de chasse donne lieu a de grands repas festifs. Chacune des cuisines régionales de la France repose sur des piliers qui ont trait à sa nature, sa physionomie. Et ce n'est pas un hasard, par exemple, si la gastronomie limousine, reposant essentiellement sur les châtaignes, les pommes de terre, les céréales et le cochon, a su compenser la pauvreté de ses produits par la richesse de ses pratiques et une imagination culinaire que l'on pourrait retrouver aussi bien dans le Jura que dans le Poitou. L'autarcie étant la règle, l'irruption de produits venus d'ailleurs étant l'exception, on fait avec ce que l'on a. Surtout, jusqu'à une époque relativement récente (début des années 1960), on n'imagine même pas que cela puisse en être autrement. Ce que disait Austin de Croze en 1928 dans *La Psychologie de la table* : « Chaque pays a la nourriture que

Les appelants (pigeons domestiqués et gavés) sont lâchés non loin de l'affût où attendent les chasseurs.

Les épices entrent dans la préparation des saumures.

Différents moyens de conservation sont utilisés, comme la salaison, le fumage et la dessiccation.

Après la traite, le lait est versé dans de grands bidons, qui sont ramassés quotidiennement par le laitier. Ce lait collecté sert notamment à la fabrication du fromage.

son climat, que sa configuration géographique, ses habitudes, son caractère qui méritent. Chaque pays doit donc jalousement garder son originalité ; ne pas s'essayer aux ersatz jamais réussis ». Ce propos conserve une vérité que les amateurs de gastronomie régionale redécouvrent aujourd'hui ; il se trouve même désormais exploité par des labels de la grande distribution (*Nos régions ont du talent,* par exemple).

Des produits indispensables

Dans toutes les campagnes, certains aliments de base ont toujours joué un rôle particulier, lié à leur nature et à leur mode de fabrication. Ils ont aussi façonné certaines pratiques qui ont longtemps survécu. Prenons l'exemple d'une boulangerie de village périgourdin à la fin des années 1950. Tout d'abord, on n'y confectionne que des pains de 5 ou 10 livres (jamais moins d'un kilo) et qui se conservent longtemps. Mais surtout, la fabrication obéit à un système de troc qui englobe tous les intervenants : le boulanger se fournit en céréales auprès des paysans et leur remet en échange des bons en cartons. Les grains sont réduits en farine à la minoterie, qui ne se fait payer que le travail en retenant une part de la farine, et le boulanger fournira aux paysans le pain dont ils ont besoin en échange de leurs bons. Pas de circulation monétaire, pas de taxe, pas d'impôt… La boulangerie ne fabrique pas seulement du pain. Elle est équipée d'un four, dont la chaleur résiduelle est utilisée régulièrement, le dimanche, par les

Si les conditions de fabrication de l'emmenthal ont changé, le processus reste le même. Le troupeau en alpage compte une centaine de bêtes : deux traites par jour remplissent deux fois le chaudron de 400 litres.

La crème du lait est récoltée dans une écrémeuse (sorte de centrifugeuse), puis placée dans une baratte où elle est battue pour en extraire le beurre.

fidèles qui apportent, avant la messe, une volaille ou une pièce de viande à faire cuire et qui la récupèrent à la sortie de la messe. La boulangère avisée aura pris soin de prélever un jus succulent pour sa propre cuisine. La fabrication et la consommation des fromages ont constitué de tout temps une composante essentielle des activités rurales et de l'alimentation quotidienne. Le lait de vache, de chèvre ou de brebis selon la région fournit la base d'une tradition solidement implantée. À part le Bordelais, il n'est pas de contrée française qui ne possède un ou plusieurs fromages : fruits de la nécessité de conserver le lait et de constituer une réserve alimentaire disponible à tout moment. Si les premières fromageries industrielles sont créées vers 1910 en France dans la Meuse et dans l'Est, fermières normandes ou berrichonnes, poitevines ou corses ont longtemps continué comme par le passé à fabriquer leurs spécialités fromagères. Mais certaines fabrications, en Auvergne ou dans les Pyrénées, sont (et restent encore aujourd'hui) l'affaire des hommes. La grosse fourme du Cantal, par exemple, est dans les burons de la responsabilité du vacher qui mène l'estivage ; il a appris les secrets de son père, vacher comme lui. À part la Normandie et la Bretagne, où le cidre est roi, la France est pays de vin et dans toutes les régions, parallèlement aux crus renommés reconnus par les plus hautes instances gastronomiques, les modestes rangs de vigne ont toujours subsisté non loin des habitations pour la consommation locale, notamment du vin bourru, légèrement pétillant, de fabrication artisanale, qui donne lieu à des réjouissances entre amis et parents. Dans tout le Sud-Ouest, vin bourru et châtaignes forment le duo inséparable des soirées d'automne et du début de l'hiver, à une époque où la télévision n'a pas encore supprimé les veillées. Autre activité familiale spécifique du Périgord noir : la récolte, le séchage et le décorticage des noix. Une bonne énoiseuse peut alors traiter jusqu'à 50 kg de noix par jour. Tout le secret réside dans l'endroit où il faut frapper la coque ; les cerneaux entiers se vendent plus cher que les brisés, qui prendront le chemin du moulin à huile. Jusque vers les années 1960, on comptait encore dix moulins sur une douzaine de kilomètres en pleine campagne non loin de Sarlat ; il n'en reste aujourd'hui qu'un seul en activité. Les tourteaux, résidus du pressage, servaient d'aliments pour les animaux,

Le pèse-lait ou lactomètre permet de vérifier si le lait n'est pas vendu coupé avec de l'eau ou écrémé.

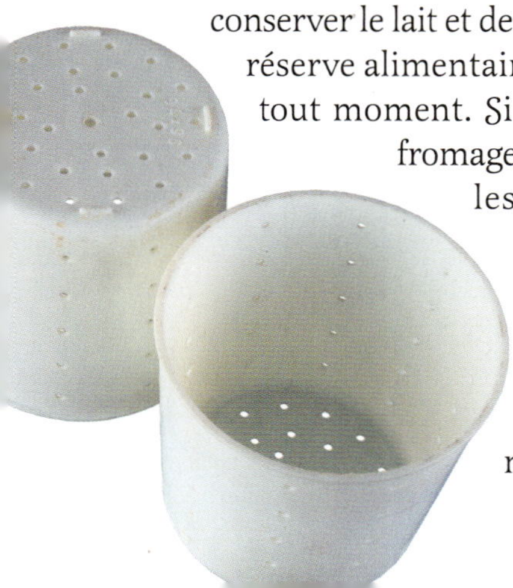

PRATIQUE!
BON MARCHE!
Pèse=lait "RECORD"
Attention ménagères! Plus de lait falsifié!

Avec notre **pèse-lait "RECORD"**, indispensable dans chaque famille, d'un maniement enfantin et d'un prix modique, à portée de toutes les bourses, nous vous offrons le moyen de préserver la précieuse santé de vos enfants, en vous protégant contre la falsification du lait.

Notre appareil, en indiquant exactement la quantité d'eau contenue dans le lait, en cas de fraude, donne la possibilité à chaque ménagère, à chaque mère de famille de contrôler elle-même la pureté du lait qu'elle achète, en deux secondes, en le plongeant simplement dans le liquide à vérifier.

DONC, ATTENTION MENAGERES! PLUS DE LAIT FALSIFIE!

MODE D'EMPLOI Plonger l'appareil dans le lait à examiner, Si le pèse-lait plonge jusqu'a l'indication **Lait écrémé**, en jaune clair c'est que le lait dépouillé de sa crème n'est pas pur. S'il plonge jusqu'a l'indication **Lait pur** en jaune foncé c'est que le lait est bon. Par contre, si l'appareil tombe jusqu'au bleu foncé, le lait contient 1/4 d'eau et ainsi de suite. Le trait blanc indique de l'eau pure. Température du lait 15° Centigrade.

Le lait caillé est mis dans des faisselles où le petit-lait s'égoutte par les trous. Ces récipients métalliques sont progressivement remplacés par des ustensiles en plastique à partir des années 1950.

Le beurre est conservé dans un beurrier en terre cuite rempli d'eau fraîche régulièrement changée.

Cette casserole au couvercle conique percé permettait de faire bouillir le lait sans risquer de le faire déborder.

mais aussi de friandises pour les enfants !
Diverses lignes de partage ont marqué le paysage culinaire français des campagnes au cours des siècles. C'est notamment le cas des matières grasses. Jusque vers les années 1955-1960, on fait nettement la différence entre les pays du beurre (nord et ouest), ceux du saindoux (nord et est), ceux de la graisse d'oie (sud-ouest) et ceux de l'huile d'olive (sud-est), avec, comme c'est souvent le cas en France, la Loire comme ligne de partage. Le beurre de Normandie, lorsqu'il était de haute qualité, lavé à l'eau bien pure, pouvait se conserver pendant toute une année. Certaines familles parisiennes qui avaient de la famille en Cotentin, avant guerre, allaient ainsi chercher sur place leurs provisions de beurre pour l'année. En Touraine, on le faisait fondre pour le conserver dans des petits pots pendant l'hiver, et l'on faisait des galettes avec l'écume retirée du beurre fondu. On observe la même régionalisation en ce qui concerne certains condiments comme l'ail (au sud de la Loire) et l'oignon (au nord). Encore aujourd'hui en Normandie, il semble criminel de piquer d'ail un gigot d'agneau, surtout de pré-salé…

L'alimentation au rythme des saisons

Ce qui frappe le plus, rétrospectivement, quand on analyse par le menu le quotidien alimentaire dans les campagnes au cours des années 1930 à 1960, c'est une sorte d'uniformité, voire de monotonie. Chaque contrée possède ses rites, ses spécialités, et s'y tient, mais, grand trait commun, la soupe règne avec une absolue régularité (de même que le pot-au-feu ou la potée, avec toutes ses variantes, souvent liées à des fêtes locales).

Le quotidien est fait de soupe, de pain, de charcuteries et de fromage. Les légumes se mangent très rarement crus. La viande rouge est plutôt rare, par rapport à la volaille. Le foie de veau, par exemple, est un mets d'exception ou réservé aux enfants. L'agneau ou le chevreau est pascal. Mais les pâtés, boudins, petit salé, jambon, saucisses et saucissons sont bien présents. Le vin, en l'occurrence, est toujours bu coupé d'eau (de même que le café est coupé de chicorée). Hors de ses régions d'origine, la bière est inconnue.

Entre octobre et février, les poules pondent peu, voire pas du tout. Les œufs de printemps, plus abondants, sont conservés dans une solution de silicate ou de chaux. Ce séjour ne peut toutefois excéder un an.

La place manque ici pour faire un inventaire précis du quotidien alimentaire dans les campagnes de France jusque dans les années 1950. Prenons juste un exemple : l'ordonnance des repas et le menu des paysans bas-normands tels que les rapporte un archiviste local en 1938 : « Au lever (vers 5 h du matin), les domestiques absorbent une tasse de café noir et vont soigner les animaux ; pendant ce temps, la patronne réchauffe la soupe à la

En principe dans les campagnes, la basse-cour est le domaine réservé des femmes, mais la règle, comme ici dans les années 1945, souffre des exceptions. Les volailles sont nourries des épluchures ménagères et, en complément, de grain. Elles vivent souvent en liberté, mais l'accès au potager leur est strictement interdit.

Tous les légumes ne sont pas récoltés pour être consommés ; certains pieds sont utilisés pour produire les semences de l'année suivante.

graisse préparée la veille. À 6 h, patrons et serviteurs mangent la soupe. Entre 8 et 9 h a lieu une collation sur le pouce (pain, lard, omelette, voire sardines ou harengs salés). Vers 10 h, on boit une pinte de cidre, sans quitter son lieu de travail. Entre midi et une heure, c'est le dîner, avec assiette, verre et fourchette individuels (le couteau est personnel) : l'ordinaire est fait de lard bouilli avec choux ou pommes de terre. Le dimanche un bas morceau de bœuf est mis à bouillir dans la marmite. Pois et haricots figurent parfois au menu, lequel se termine par du fromage, de la confiture ou des pommes. Vers 15 h intervient la buvette : on apporte des pots de cidre aux travailleurs. À 17 h, une copieuse collation répartit les restes du midi, soit à table, soit apportée dans les champs ou les clos. Vers 20 h, à nouveau la soupe ; en hiver, des châtaignes et du beurre. Au soir des batteries de céréales ou de sarrasin, on sert, outre la soupe, de la viande chaude et du café. »

Cette monotonie laisse néanmoins la place à des fêtes locales presque aussi nombreuses que les spécialités qu'elles célèbrent, et dont la nomenclature remplit le calendrier de janvier à décembre. Le rythme des saisons a toujours été primordial dans les campagnes, comme en témoignent, toujours fêtés dans les années 1980, entre autres : les citrons à Menton à Mardi Gras, la quiche à Mirecourt en mai, les andouilles à Jargeau et les cerises à Itxassou en juin, les pommiers à Fouesnant, l'ail rose à Lautrec et l'olive à Draguigan en juillet, les moules à Wimereux, le melon à Lectoure et les myrtilles à Dabo en août, les haricots à Arpajon et le chasselas à Moissac en septembre, le piment à Espelette en octobre et les châtaignes à Annonay en décembre... Produits qui donnent lieu non seulement à des festivités, jeux et défilés, mais aussi à des concours de spécialités gastronomiques et dégustations.

Avant l'apparition des bocaux et leur rondelle en caoutchouc et pendant la Seconde Guerre mondiale, les bouteilles à fond plat et au verre épais sont utilisées pour la conservation des légumes (petits pois, haricots verts…). Elles sont fermées par un bouchon de liège et un muselet (armature métallique), puis placées dans le stérilisateur et portées à 100 °C. De vieux chiffons évitent qu'elles ne s'entrechoquent lors de l'ébullition.

Boissons et conserves ménagères

Si autarcie est le maître mot de l'alimentation rurale, elle est alimentée tout au long de l'année par une activité ménagère ou artisanale qui se déploie sous les formes les plus diverses de la conserve. La plupart des procédés de conservation sont ancestraux et d'origine empirique, même si les découvertes biologiques de la fin du XXe siècle et le perfectionnement des techniques ont amélioré et diversifié les méthodes. Séchage et fumage existent depuis l'Antiquité et relèvent de la déshydratation. En pratique ménagère, l'exposition à l'air libre ou au soleil suffit par exemple pour les champignons ou les plantes aromatiques. Le fumage des salaisons, en Savoie et dans le Jura, a toujours constitué une pratique typique des pays de montagne. Les procédés comme la cuisson dans le sucre (confitures, confiseries) ou la salaison, voire la conservation à l'huile, sont bien connues des paysannes de toutes les régions, de même que la conserve au vinaigre. La stérilisation, enfin, débouche sur toute la gamme des conserves en bocaux ou en boîtes de fer-blanc, qui permettent de retrouver en hiver l'abondance de l'été. L'épicerie du village joue alors un rôle primordial, non seulement dans l'approvisionnement de certaines

Condiment apprécié, le vinaigre est produit par la fermentation du vin. Les fonds de bouteille alimentent régulièrement le vinaigrier.

Alimentée selon les régions au bois ou au charbon, la cuisinière, en fonte, permet de cuire les aliments, d'avoir de l'eau chaude et une source de chaleur. Été comme hiver, le premier geste du matin consiste à l'allumer. Dans le four du bas, où la chaleur est plus douce, les pots de yaourt y séjournent une nuit.

denrées, alimentaires et non alimentaires, mais aussi comme lieu de rencontres (c'est en général aussi le café, le marchand de tabac et le dépôt des journaux), et c'est aussi là que l'on vient sertir les boîtes de conserve en fer-blanc, à étiqueter ensuite soigneusement à la plume.

La liste des boissons fermentées que l'on peut lire dans l'édition de 1967 du *Larousse gastronomique* est par ailleurs très éclairante sur les pratiques rurales de la France d'hier : boisson de cosses de pois verts, boisson de sureau ou des trois fleurs (houblon, violette et sureau), frénette (feuilles de frêne et pelures d'orange), eau de gruau, d'orge ou de riz, vin de genièvre, figuette ou hydromel. Les recettes sont parfaitement concrètes et réalisables, comme celle du clairet : Faire bouillir dans 10 litres d'eau 6,5 kg de carottes et 120 g de racines de réglisse. Passer le liquide avec pression. Ajouter 250 g d'acide tartrique, 250 g de gingembre en poudre, 2 kg de cassonade et 2 litres d'eau-de-vie. Verser le tout dans un tonneau de 100 litres. Remplir

Souvent unique commerce du village et lieu de rencontre, le café épicerie vend également divers articles, comme du tabac, des fils à coudre...

Dans les régions non viticoles, d'autres boissons traditionnelles sont à l'honneur : c'est le cas du cidre, non seulement en Normandie et en Bretagne, mais jusqu'en Beauce, comme ici en 1910.

avec de l'eau. Laisser reposer 8 jours et mettre en bouteilles...

On ne saurait enfin clore ce panorama des pratiques campagnardes sans citer la cuisine du gras, comme on l'appelle dans le Sud-Ouest. Cuisine qui commence par le marché au gras où l'on choisit les volatiles engraissées, oies ou canards. La cuisinière saura en tirer, outre le foie à mettre en bocal, les portions à confire dans la graisse, les cous à farcir, les pâtés à confectionner, les cœurs et les gésiers également à confire, les magrets à faire sécher et les carcasses à faire bouillir dans la soupe.

Outre le foie gras, le gavage des oies permet également d'obtenir de la graisse, qui entre dans la préparation de certains plats, notamment les confits.

Nappe et vaisselle blanches sont de rigueur à table pour les familles bourgeoises au début du xxe siècle.

La vie en ville

Lieu de toutes les innovations, la ville offre une vitrine alimentaire qui suit le rythme que lui permet son ouverture sur le monde et ses nouveautés. Approvisionnement et consommation connaissent des changements considérables.

DANS un ouvrage plein d'humour et riche en anecdotes très documentées, *Paris à table,* datant de la fin du XIXe siècle, Eugène Briffault écrit : « Quand Paris se met à table, la terre entière s'émeut ; de toutes les parties de l'univers connu, les choses créées, les produits de tous les règnes, ceux que le globe voit croître à sa surface, ceux qu'il enserre en son sein, ceux que la mer renferme et nourrit, ceux qui peuplent l'air ; tous accourent et se pressent afin d'obtenir la faveur d'un regard, d'une caresse ou d'un coup de dents. Tous ne désirent la fécondité et n'enfantent des prodiges que pour plaire

La marchande des quatre-saisons, dans une rue de Paris en 1931, avec son étal mobile de légumes, de fruits et de fleurs : les dernières ont disparu à la fin des années 1960.

Comme en 1932, la ville d'Arpajon est toujours très fière de ses haricots, qui font l'objet d'une foire annuelle.

Le quartier des halles, ici en 1902, était célèbre pour son pittoresque et ses restaurants. Les pavillons, édifiés par Baltard en 1851, ont été détruits dans les années 1970.

à cette ville souveraine, dont la voracité les réjouit, et fait leur opulence et leur félicité… » Au début des années 1980, Patricia Wells, journaliste américaine, publie un *Paris gourmand* qui reflète une passion identique pour les bons produits, les commerces de bouche et les marchés de la capitale. Mais on mesure, en l'espace d'un siècle, tout le chemin parcouru (qui sans doute serait le même à Bordeaux, Lyon, Toulouse, Strasbourg, Nantes ou Marseille) entre un passé encore très présent et un avenir déjà très futuriste, que peut symboliser la coexistence entre les plats à réchauffer dans un four à micro-ondes, les salades en sachets de la quatrième gamme et les bistrots du début du XXe siècle ou les boulangeries de quartier.

Approvisionnement et consommation

Sous une apparente uniformité, les modes d'alimentation et d'approvisionnement ont considérablement changé en ville entre, grosso modo, les années 1930 et 1960. Halles et marchés de plein air existent toujours, certes, mais les marchandes des quatre saisons, encore très présentes en plein Paris entre 1950 et 1960, ont totalement disparu. En revanche, l'épicerie arabe (expression non péjorative, mais qui recouvre une réalité bien précise de petits magasins de proximité tenus par des Maghrébins), ouverte très tard le soir et même le dimanche, fait partie du paysage urbain depuis les années 1960, proposant dans un espace souvent très limité un maximum de références. Autre phénomène

Sous l'occupation, les crémiers enrichis par le marché noir étaient appelés par l'acronyme B. O. F. pour désigner le beurre, les œufs et le fromage.

urbain capital : les rues piétonnes où se succèdent les commerces d'alimentation, alors qu'a disparu (vers 1950) la grande épicerie où les sacs de légumes secs côtoyaient les bocaux de bonbons, les piles de boîtes de conserve et la machine à torréfier le café. La consommation des légumes secs, justement, a chuté dans ces années, tandis qu'augmentait quasi proportionnellement celle de la viande. Signe manifeste non seulement d'une hausse du niveau de vie, mais aussi des habitudes alimentaires.

On ne saurait passer ici sous silence les années noires de l'Occupation où, dans les villes et en particulier à Paris, se nourrir devint l'obsession première. On manque de viande, de beurre, d'huile et de pain. Le chocolat et le café disparaissent. D'autres produits font leur apparition, comme le rutabaga, légume fétiche de l'Occupation. Dès l'automne 1940, chaque citoyen doit utiliser des tickets qui lui donnent droit au minimum vital, mais la plupart du temps les produits de base manquent. La différence devient criante entre ceux qui peuvent se ravitailler à la campagne (ce qu'on appelle le marché gris) et ceux qui ne disposent d'aucune relation familiale ou amicale de ce type. La prolifération du marché noir, lui, aggrave encore les inégalités. Plus de la moitié des Français, citadins surtout, aura connu la faim. Mais les ersatz (succédanés) envahissent la vie de tous les jours, comme le café à base de glands grillés ou la chicorée qui voit croître sensiblement sa popularité. Et l'on cultive des légumes avenue Foch ou dans le jardin des Tuileries. L'infamie du BOF (beurre, œufs, fromage, le sigle date de 1944) sera stigmatisée par le roman de J. Dutourd, *Au bon beurre,* paru en 1952.

Dans les années d'après-guerre, la répartition entre produits frais, conserves et surgelés se fera progressivement en ville en fonction de l'équipement ménager. Le marché des conserves ne se limite plus, loin de là, aux petits pois et aux sardines, à la macédoine de fruits et au concentré de

Pendant la dernière guerre, le ravitaillement en denrées alimentaires des grandes villes comme Paris a connu d'énormes difficultés, d'où l'instauration d'un système de tickets de rationnement, qui ont perduré pendant plusieurs années après la Libération.

Dès 1930, la stabilisation par le froid pour les plats cuisinés constitue un premier pas vers la gamme des surgelés qui, comme le précisent les nutritionnistes eux-mêmes, conservent toutes leurs qualités diététiques.

tomate ; c'est la montée en puissance des plats cuisinés appertisés qui frappe durant les années 1950-1960 (cassoulet, choucroute, petit salé aux lentilles, chair de crabe et cœurs de palmier, puis paella et couscous). Quant aux surgelés, ils concernent non seulement des produits ou plats achetés tout faits, mais également des produits frais que l'on congèle soi-même et que l'on peut désormais conserver beaucoup plus longtemps. On découvre aussi ce que l'agroalimentaire appelle désormais la quatrième gamme : salades en sachets, crudités pré-émincées, tomates-grappes en barquettes, etc.

À la fin des années 1960, la mode écolo n'est pas non plus sans influence sur les modes d'approvisionnement et de consommation. Surtout en ville ! On veut désormais manger naturel et l'on se tourne avec bonheur vers les produits bios (le terme ainsi abrégé date du début des années 1970). Dans plusieurs grandes villes s'ouvrent des boulangeries et des épiceries, ainsi que des restaurants, résolument axés sur les produits biologiques (du pain aux fromages en passant par les légumes, les confitures, les fruits et même le vin). À cette même période, nombre de Parisiens se mettent à prospecter les environs de la capitale, parfois un peu plus loin, dans l'intention d'acheter une fermette, petite maison de campagne pour y passer le week-end. Phénomène qui se traduit par la redécouverte enthousiaste des produits de la ferme et de la cuisine dans la cheminée. Les plats paysans séduisent à nouveau les citadins blasés et le barbecue recrute de nouveaux adeptes de la cuisine en plein air.

Parallèlement, le client qui a ses habitudes chez son boucher, sa boulangère, son charcutier, de fidèle chaland, est devenu un

Après la guerre, les étalages se remplissent de nouveau. Revêtu du tablier bleu et le crayon sur l'oreille, l'épicier prend une feuille de journal suspendue à un crochet pour emballer oignons, haricots ou pommes de terre, qu'il pèse ensuite sur une balance Roberval.

En 1956, voici l'intérieur type d'une épicerie de quartier en ville : les produits emballés sont soigneusement rangés sur les étagères et la balance trône sur le comptoir, qui abrite un compartiment spécial pour les produits frais.

consommateur. C'est aux États-Unis, après la Seconde Guerre mondiale, que sont nés les premiers groupements pour défendre les intérêts des consommateurs, sous l'impulsion notamment d'un avocat, Ralph Nader, qui s'intéressa rapidement aux sujets agroalimentaires. En France, c'est assez tardivement que l'on se penche sur la qualité sanitaire des produits, l'information sur leurs composants ou les excès de la publicité. Créée en 1951, l'Union fédérale de la consommation publie un journal, *Que choisir?* depuis 1961. Sept ans plus tard, en 1968, le gouvernement met en place l'Institut national de la consommation, dont le magazine *50 millions de consommateurs* pratique des essais comparatifs et joue un rôle d'information. L'un des plus gros succès des associations de consommateurs a été, dans la fameuse affaire des veaux aux hormones, de susciter un retour à des méthodes d'élevage qui garantissaient la qualité de la viande.

Dès 1948, certaines épiceries citadines innovent avec un rayon de libre-service (notamment pour les produits frais). Des paniers métalliques sont à la disposition des clients.

Du cabas au caddie

De Félix Potin à Édouard Leclerc et de Leclerc à Carrefour, de la petite épicerie de quartier à l'hypermarché de la périphérie, la cité a connu en quelques décennies une véritable révolution de la distribution, accompagnée par la montée en puissance de la réclame,

Impossible de faire les courses sans un cabas ou un filet à provisions ; les grandes surfaces prendront l'initiative de distribuer des sacs en plastique.

puis de la publicité, portée par de nouveaux médias, la radio et la télévision. Jusque dans les années 1955, on fait son marché avec un cabas. Image emblématique de ce sac à provisions en toile cirée ou en skaï (similicuir apparu en 1955), d'où émerge l'indispensable botte de poireaux pour la soupe. Le mot « caddie », pour désigner un chariot destiné à faire ses courses dans les libres-services, date, quant à lui, de 1952. Tout un symbole.

Deux produits emblématiques, le lait et le pain, montrent d'ailleurs la coexistence, en ville, de deux univers alimentaires différents : celui de l'industrie et celui de l'artisanat. Jusque dans les années 1930, un obstacle majeur empêche l'approvisionnement des grandes villes en lait : leur éloignement des lieux de production. En effet, la capitale dépend des troupeaux de vaches laitières de la proche banlieue. Peu abondant et cher, le lait frais est un luxe réservé aux riches et aux très jeunes enfants. Des ramasseurs font la navette entre les étables de banlieue et les dépôts des crémiers, qui le livrent ensuite aux laitiers, lesquels le vendent dans les rues de Paris. Seuls quelques laitiers en gros disposent d'installations thermiques pour chauffer le lait et en améliorer la conservation. La mode du café au lait et l'invention du chocolat en poudre vont largement soutenir la progression de la consommation du lait. Ce n'est qu'au début des années 1960 que l'approvisionnement des habitants des villes en lait est correctement assuré, grâce à un contrôle fiable depuis l'étable jusqu'au détaillant grâce à la généralisation de la pasteurisation (la technique est connue depuis 1883) et la garantie de la chaîne du froid. Un décret impose même à partir du 1er janvier 1953 la vente, dans les villes de plus de 20 000 habitants, de lait pasteurisé en bouteilles cachetées. Puis un nouveau procédé bouleverse le mode de conditionnement et de distribution du lait : le traitement UHT, technique mise au point en Suisse en 1951, mais dont l'intérêt économique devient évident grâce à son association avec le conditionnement en carton développé par une société suédoise, Tetrapak. La combinaison de ces deux procédés se généralise au cours des années 1960.

La baguette est née à Paris au début des années 1930, en même temps que la méthode idéale pour la fabriquer (l'emploi d'une levure incorporée à la pâte au moment du pétrissage, sans levain préalable). Pour les amateurs du traditionnel gros pain français, la baguette a longtemps été vécue comme une fantaisie, une mode parisienne superflue. Dans les années 1960, fabriquée à la va-vite, avec une croûte inexistante et une mie insipide, la baguette avait perdu de son éclat. Elle l'a retrouvé tant soit peu, vendue plus cher sous des labels flatteurs, tels que baguette de campagne ou baguette à l'ancienne. À la fin des années 1940 est apparue également la baguette viennoise, tandis que le pain dit de campagne était lui aussi une création parisienne. Quant au pain Poilâne, célèbre miche au levain, désormais produite chaque jour à des milliers d'exemplaires et expédiée dans le monde entier, il est né rue du Cherche-Midi en 1932 grâce à Pierre Poilâne, dont le fils Lionel prit la succession ; à la fin des années 1970, son dynamisme commercial contribua à redonner le goût du pain authentique aux citadins, qui se sont mis à

Dans les années 1950, c'est bien souvent les enfants que l'on envoie, à la sortie de l'école, acheter le gros pain chez le boulanger du coin de la rue, où la famille possède un compte.

L'un des fleurons des commerces d'alimentation à Paris reste la boulangerie-pâtisserie, avec ses spécialités annoncées à la devanture, dans un décor ancien qui, heureusement, a souvent survécu aux rénovations.

apprécier les pains aux céréales, aux noix, au seigle, et les innombrables spécialités des provinces.

Les barres chocolatées

Les friandises à base de chocolat constituent une autre catégorie de produits typiquement citadins, dont les Anglo-Saxons, les premiers, se sont emparés avec succès, avant de les diffuser à grande échelle en Europe après la Seconde Guerre mondiale. C'est le cas de Cadbury en Grande-Bretagne, avec son célèbre Dairy Milk, mais surtout de Mars aux États-Unis, dont le Milky Way (1923) inaugure la grande vogue des barres au chocolat diversement fourrées ou enrobées, illustrée avec le Mars (1932), toujours aussi célèbre dans le monde entier. Le Français dispose quant à lui de la marque Menier multimédaillée qui, entre 1825 et 1950, verra se succéder quatre générations de chocolatiers dans la petite ville modèle de Noisiel (la marque fut rachetée par un groupe anglais en 1965). Toutes les villes de France possèdent aussi un chocolatier dont la tradition est ancienne et

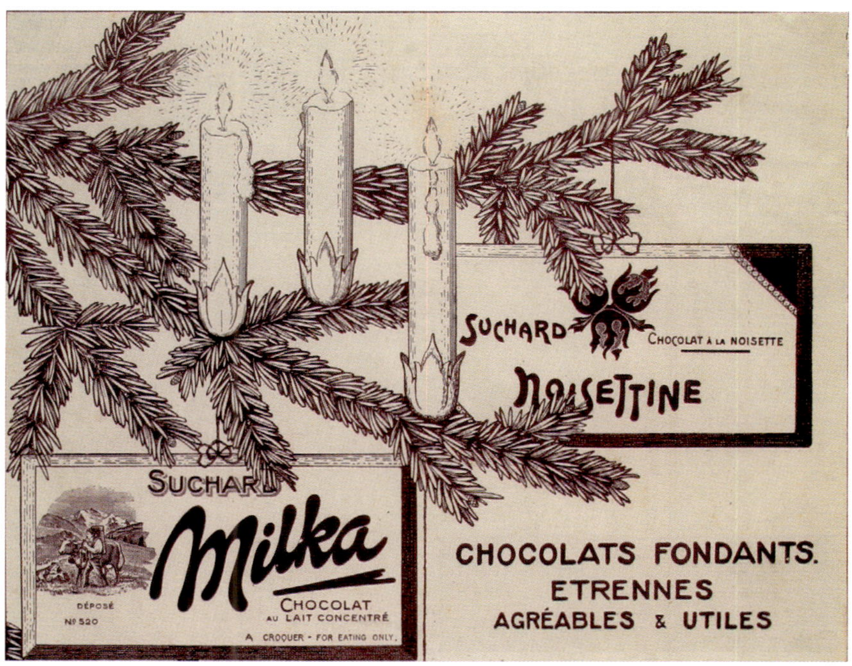

L'usage du rond de serviette était réservé aux habitués. À chaque repas, le serveur leur remettait leur serviette attitrée.

qui se distingue par des spécialités originales (recensées par le Club des croqueurs de chocolat, né à Paris dans les années 1970), mais l'artisan parisien réussit aussi dans la création artisanale de luxe, avec, par exemple, une création qui, aujourd'hui encore, réunit tous les suffrages : l'Opéra, né en 1950.

La fin des trois repas de la journée

Vers 1920, Raymond Roussel, milliardaire esthète et poète méconnu, faisait en un seul les trois repas du jour, absorbant seize plats de suite, entre midi et cinq heures. Ses Rolls lui apportaient de Nice les fruits les plus succulents. Survivance extravagante d'un monde révolu. Le départ des Halles pour Rungis, au début des années 1970, a mis fin à la liaison multiséculaire entre Paris et sa nourriture. Le Ventre de Paris n'est plus au centre de la capitale. Ces deux instantanés de l'histoire culinaire symbolisent toute l'évolution d'une société en l'espace d'une génération.

Pendant des décennies, à la ville comme à la campagne, on a assimilé la maison au foyer, c'est-à-dire à la cuisine. Désormais, en ville, l'alimentation s'identifie de moins en moins nécessairement à l'univers domestique. Les modes de vie ont en effet été profondément et durablement modifiés par l'urbanisation, par l'industrialisation des années 1950-1960, par la professionnalisation des femmes, par la hausse du niveau de vie et de l'éducation, la généralisation également de l'automobile, l'accès d'une part de plus en plus large de la population aux loisirs, aux vacances, aux voyages. Le nombre de repas pris à l'extérieur du foyer augmente de manière constante. Une proportion grandissante, et bientôt majoritaire, de citadins déclare manger à l'extérieur au moins occasionnellement, mais de plus en plus souvent. Parallèlement, la restauration se développe dans l'entreprise, à l'école et dans les collectivités. Sont apparues d'abord, dans les années 1950, les différentes formules de self-service, puis, dans les années 1960, venues d'outre-Atlantique par le biais de la Grande-

Dès 1925 à Paris, le déjeuner en self-service (le mot lui-même n'est pas encore importé des pays anglo-saxons) commence à faire des adeptes.

Dans les années 1900, aux Halles de Paris, divers petits métiers entouraient l'activité des pavillons, comme celui de la marchande de soupe.

Bretagne, des formes de restauration nouvelles dont la première, sur le continent, sera la chaîne de hamburgers Wimpy.

Dans la vieille Europe, le repas, qu'il s'agisse du petit-déjeuner, du déjeuner, du dîner, voire du thé et du souper, est jusqu'alors un moment parfaitement ritualisé, protégé contre les intrusions extérieures. D'où l'étonnement de Paul Morand lorsqu'il décrit les restaurants des quartiers d'affaires au début du XXe siècle : « A New York, personne ne rentre chez soi au milieu de la journée : on mange sur place, soit dans les bureaux, tout en travaillant, soit dans les clubs, soit dans les cafétérias. (...) Dans les bouillons populaires, des milliers d'être alignés dévorent, chapeau sur la tête, sur un seul rang comme à l'étable, des nourritures d'ailleurs fraîches et appétissantes, pour des prix inférieurs aux nôtres. »

Le fameux concept créé par les deux frères Dick et Mac McDonald, qui ouvrent en 1937 leur premier drive-in restaurant en Californie en y vendant non pas des hamburgers, mais des hot-dogs, marque le début d'une véritable révolution à l'échelle planétaire. Recentré sur le hamburger en 1948, introduisant dans la restauration rapide citadine le système de la production à la chaîne, le modèle McDonald inspirera bientôt, avant la fin des années 1950, la chaîne Taco Bell et Pizza Hut, dont l'expansion mondiale, notamment en France, sera assurée dans les années 1970.

La hausse progressive du niveau de vie se traduit aussi, en ville, par la diffusion de nouveaux modes de réception. La trajectoire de Gaston Lenôtre constitue à cet égard un exemple significatif. Apprenti pâtissier en Normandie, puis à Paris dans les années 1930, il ouvre une boutique à Pont-Audemer en 1947. Les années d'après-guerre font alors réapparaître le goût des bonnes choses et des douceurs, même s'il faut attendre le début

Le 28 juin 1944 en Normandie : les Américains tout juste débarqués sont pris d'assaut par les jeunes auxquels ils distribuent, outre du chocolat, une friandise jusqu'alors inconnue en France, la gomme à mâcher.

des années 1950 pour voir disparaître les tickets de rationnement. Au cours de cette période, le renom gastronomique de la France est en perte de vitesse ; on sacrifie la présentation et la création s'essouffle. Gaston Lenôtre innove, invente, allège. En 1957, sa notoriété va grandissant et les Parisiens venus en week-end en Normandie, habitués de ses exquises pâtisseries, le persuadent de monter à Paris. En 1957, il s'installe rue d'Auteuil, dans un quartier à la fois chic et commerçant. Succès immédiat. Et la signature Lenôtre va dès lors conquérir Paris, d'autant plus que la prospérité économique des années 1960 valide cette expansion. À partir de 1964, Lenôtre n'est plus simplement pâtissier, il devient traiteur. Et lorsqu'en 1965, lors de la réélection de De Gaulle, il organise le grand buffet de la soirée des élections à Europe N° 1, il conquiert une place unique dans la catégorie Traiteur-Art de recevoir, chez soi pour une vingtaine ou pour deux mille dans les lieux les plus extraordinaires.

Avant que n'apparaissent les biscuits fourrés industriels, le goûter traditionnel se compose d'une tartine de confiture ou d'un morceau de pain avec une tablette de chocolat.

Des nouveaux consommateurs

Une monographie professionnelle note, à la fin du XXe siècle, que les bonbons, les pastilles de miel, les boîtes à surprise et les bâtons de réglisse ont pour but d'assurer la tranquillité des bonnes d'enfants et des parents. Dans les années d'après-guerre, les mères de famille, généralement sous-alimentées au moment de leur naissance, reportent sur les enfants nés entre 1945 et 1948 leurs angoisses et leurs frustrations. Encouragées d'ailleurs par les conseils de Mendès-France, elles cuisinent une nourriture riche en lait et en beurre, ne limitent ni le chocolat, ni les bonbons. Rondeurs et bonnes joues pleines sont synonymes de santé. Et les enfants, au moment du goûter, avalent leurs tranches de pain beurrées (ou tartinées d'Astra), accompagnées de chocolat en barre. Le goûter des jeunes, c'est aussi Lacta Poulain, aliment complet par excellence, comme le vante la réclame. Avant que n'apparaisse en 1956 le Choco BN, fameux sandwich de biscuit enfermant du chocolat, qui prenait la suite du Choco Cas'Croûte, déjà inventé par la Biscuiterie nantaise en 1932.

En l'espace d'un siècle, l'enfant et l'adolescent ont conquis une place à part parmi les nouveaux consommateurs, qu'il s'agisse des petits pots pour bébés, de la suprématie du Coca-Cola (que l'ado réclame avec frénésie dès

Les sucettes Pierrot gourmand défient les enfants derrière la vitrine.

1950) ou des niches privilégiées que constituent les yaourts et desserts lactés, les boissons aux fruits ou les chewing-gums, sans parler de Nutela, Benco ou de la gamme Kinder, tous apparus dans les années 1960. Roi de la confiserie allemande dès les années 1920, Haribo (une marque fondée par Hans Riegel, originaire de Bonn) étendit rapidement son règne sur l'Europe entière à partir des années 1950 en s'implantant dans les boulangeries citadines où les bambins pouvaient composer eux-mêmes leur assortiment de confiseries gélifiées : le crocodile, l'ourson, le dragibus ou même le Schtroumpf, sans oublier la célébrissime fraise Tagada.
Chewing-gum et Coca-Cola constituent enfin, dans ce domaine, les deux conquêtes majeures de l'industrie américaine à l'échelle mondiale. Introduite en France par les troupes américaines, la gomme à mâcher est en réalité d'origine mexicaine, mais son succès international fut rapide, incontestable et durable. La diffusion du Coca-Cola provoqua en revanche en son temps des réactions beaucoup plus contrastées : la boisson est associée en effet au plan Marshall décidé le 5 juin 1947 et que condamnent les communistes, dénonçant l'inféodation de l'économie française à Wall Street. Que condamnent également les hygiénistes (qu'y a-t-il donc réellement dans la fameuse formule secrète de la boisson à bulles ?), mais aussi les viticulteurs de différents départements.
Ultime exemple de la diffusion d'un produit plaisir à grande échelle : la crème glacée. Bonbons, caramels, Esquimaux, chocolats. Entracte... Une date soudain s'inscrit en lettres d'or sur grand écran : 15 décembre 1935. Ce jour-là, événement majuscule dans les salles de spectacle de la capitale. Le premier Esquimau Gervais rafraîchit le palais du cinéphile. C'est aux États-Unis que Charles Gervais, pionnier du fromage frais industriel, avait découvert cette idée simple : enrober de chocolat une barre de glace fixée sur un bâtonnet de bois. Gervais avait déjà frappé fort avec ses petits pots de glace : les premiers s'étaient vendus comme des petits pains en mai 1929, au moment où le Belge Ronsse franchissait la ligne d'arrivée de Bordeaux-Paris. Avec 1,5 million d'Esquimaux débités à Paris lors de l'Exposition universelle de 1937 ; Gervais décroche la timbale et la glace quitte définitivement le rayon des entremets de luxe.

Comme le vante cette publicité, toutes les glaces sont à portée de main.

Grand rendez-vous annuel, le salon des Arts ménagers est l'occasion de découvrir de nouveaux équipements. Les exposants affichent chaque année des recettes sans précédent.

L'équipement ménager

Pièce emblématique du foyer, lieu de vie et d'émancipation, la cuisine a cristallisé en un demi-siècle une fantastique évolution. Les livres de recette, largement relayés par un nouveau média, la télévision, recueillent toujours l'engouement d'un large public.

Les Français ont toujours été convaincus que ce qu'ils mettaient dans leur assiette, et la manière dont ils achètent en général les biens de consommation courante, sont des actes hautement significatifs. L'année 1922 sera déterminante à cet égard. Un militant socialiste du nom de Jules Henri Breton, soucieux de progrès dans tous les domaines, lance un grand concours des appareils ménagers, destiné selon lui à soulager les tâches pénibles dévolues aux femmes de modeste condition, car il croit au progrès et à l'accession du peuple à ses bienfaits. Le succès est tel qu'il décide de créer l'année suivante le Salon des appareils ménagers, qui sera baptisé trois ans plus tard Salon des arts ménagers, puisqu'il se tient au Grand Palais à Paris, haut lieu des salons artistiques, de peinture ou de sculpture.

En 1938, le quinzième salon des Arts ménagers ouvre ses portes au Grand Palais, à Paris, soit un an après l'Exposition internationale. En dix ans, le nombre de visiteurs a plus que triplé, avec plus de 535 000 personnes.

La société Francorusse propose tout une gamme de desserts rapides à préparer, qui libère la ménagère de la contrainte de la cuisine.

Du gadget à l'innovation

Le premier salon de 1923 est un énorme succès. Un succès surtout dû, cependant, aux visiteurs bourgeois qui, ne pouvant plus se payer, comme avant la première Guerre mondiale, une nombreuse domesticité, cherchent à résoudre leurs problèmes ménagers. Si l'électroménager est encore l'exception, le gadget est roi, mais le bouillon Kub, Maggi, l'entremets Francorusse (hommage à la visite du Tsar Nicolas II en France en 1902) et la Maïzena, mettent déjà l'accent sur la simplification de la vie ménagère et le gain de temps. Le robot passe de la fiction à la réalité dès 1924 par le truchement d'un gros moteur caché dans un meuble qui fait fonctionner divers appareils à laver, nettoyer, éplucher ou moudre. (Le mot lui-même de robot dérive du terme tchèque *robota* qui, dans une pièce de science-fiction de Karel Capek en 1924, désignait un travailleur artificiel créé pour effectuer les tâches pénibles à la place de l'homme). La première table roulante, pour simplifier le service à table, fait aussi son apparition. Mais ces appareils, pour la plupart encore expérimentaux, sont coûteux.

Révolutionnaire, la cocotte-minute est présentée pour la première fois au salon des Arts ménagers en 1926. Son succès est étroitement lié au gain de temps qu'elle permet.

Les écoles d'éducation ménagère, comme ici en 1936, préparent les jeunes femmes à devenir de futurs cordons-bleus.

Les familles modestes devront attendre encore longtemps, avec surtout la naissance et le développement du crédit domestique, pour devenir une cible intéressante recherchée par le marché des arts ménagers.
Par ailleurs, le temps qui sépare la présentation au public d'un produit et sa commercialisation est parfois très long. La marmite à pression est présentée en Salon en 1929, mais c'est un échec. L'homme (lui qui offre à la femme le cadeau dont il a envie en cuisine lors de la fête des Mères) préfère encore voir son épouse écumer longuement le pot-au-feu… Il faudra attendre les restrictions d'après-guerre, en 1953, pour que Seb l'implante commercialement. Le lave-vaisselle, en 1922-1923, constitue une attraction de choix : sa première commercialisation, fondée davantage sur le principe de l'hygiène que de la rapidité pratique, date en fait de 1935, mais sa diffusion en masse attendra les années 1960. Quant au réfrigérateur, apparu en 1926, il mettra dix ans à s'imposer et à remplacer totalement la glacière. Inventé par hasard aux États-Unis en 1946, le premier four à micro-ondes ne sera vendu en France qu'en 1976.

Le Salon des Arts ménagers aura vu passer toutes les inventions, mais l'histoire fait sa sélection : résistance aux changements, évolution des modes de vie, marché non porteur. Diverses sont les raisons qui font que tel ou tel équipement s'implante réellement. Cependant, le marché s'étend de plus en plus à toutes les couches de la population et la concurrence joue plus largement. Les provinciaux viennent aussi à Paris et repartent avec une resserre à pommes de terre Ad-Hoc, qui grâce à ses roulettes se glisse sous la table, des verres Duralex gracieusement empilables, un

Dans les années 1950, les casseroles arborent des couleurs vives, mettant de la gaîté dans les cuisines.

En 1949, le formica (inventé plus de vingt ans auparavant) fait son apparition en France. Ce stratifié décoratif confère aux meubles de cuisine une surface stable, résistante et facile d'entretien.

De nombreux produits sont proposés au public pour faciliter le quotidien. Certains perdurent tandis que d'autres ont une vie éphémère.

Durol-Steack, couteau de table à lame forgée main et dents minuscules, en acier inoxydable poli miroir, ou un moulin à café Peugeot, modèle désormais silencieux. Premiers jalons d'un équipement qui ne va cesser d'évoluer.

Idées nouvelles et grands créateurs

Vers 1935, pour concurrencer les concours de Miss, un concours est créé de la Fée du logis (qui durera jusqu'en 1950 environ). Celle qui faisait preuve de sa compétence pour organiser son foyer était récompensée par un cadeau et reçue par le président de la République. Mouvement visant à démontrer les vertus de l'organisation du tra-

Il suffit de presser le bouton du robot ménager pour monter des œufs en neige ou râper du gruyère.

vail appliquées au domaine féminin par excellence, la cuisine, et relayé par les cours d'enseignement ménager, dans l'intention bien définie de prouver que l'on peut être à la fois femme, sinon féministe, et bonne cuisinière. Et surtout si le Salon des Arts ménagers s'emploie à véhiculer les idées nouvelles sur les modes de vie, en faisant appel à des architectes et des designers. Avec des personnalités comme Marcel Breuer, maître incontesté des cuisines métalliques tout équipées, dans les années 1930, puis Le Corbusier, qui en 1950 présente au Salon le prototype de la cellule d'habitation de la Cité radieuse de Marseille, ou encore I. Schein, qui montre en 1956 la première maison tout plastique. Ces initiatives ont un retentissement d'autant plus grand qu'à l'époque beaucoup de gens vivent encore dans des appartements modestes, petits, mal équipés, voire insalubres (où la cuisine, avec un seul évier, fait aussi office de cabinet de toilette). Désormais on se veut moderne, on parle de living-room et de cosy-corner, voire de kitchenette. La cuisine est sans doute la pièce qui a le plus bénéficié des nouvelles technologies et des nouveaux matériaux. Jusque dans les années 1950, la cuisine évoluée est métallique, elle se veut laboratoire hygiénique qui fleure bon l'eau de Javel et la lessive Saint-Marc.

Le mobilier de bois disparaît peu à peu. L'irruption du Formica bouleverse d'autant plus cet environnement qu'il y introduit la couleur (et quand on y succombe, on revend à vil prix les tables de ferme en chêne, les huches et les vaisseliers qui feront la fortune des brocanteurs). Le boom du plastique dans les années 1960 (jusque-là cantonné dans les nappes, les cuvettes et bassines Gilac ou Grofilex) va entraîner le développement du petit électroménager. En 1961 apparaissent également les premiers sacs en papier, puis en plastique pour les poubelles ménagères. L'ère du jetable et du non-consigné est sur le point de révolutionner l'emballage et ce que l'on n'appelle pas encore le packaging.

L'apport du design a été considérable à partir des années 1950. On sortait de la guerre, on vivait dans un nouvel environnement. Le public, particulièrement réceptif, avait envie de nouveauté et de confort, mais aussi de beaux objets fonctionnels. Et comme l'apparition du crédit à la consommation, à la même époque, lançait le marché auprès de ceux qui ne pouvaient pas payer comptant, les grands magasins ont pris le relais du Salon, qui évoluait dès lors à un rythme trop lent par rapport aux nouveautés. Lieu privilégié de la recherche et de l'innovation, le Salon des Arts ménagers a néanmoins accompagné soixante ans de la vie quoti-

Grâce à sa double lame, ce couteau électrique permet de découper sans effort.

dienne des Français et les a aidés à assimiler les grandes mutations du siècle.

Moulinex libère la femme

Le développement de l'électroménager est dû essentiellement à Braun, qui a développé les techniques de formage des matières plastiques, et surtout à Moulinex, qui a su négocier parfaitement la transition entre l'outil ménager et l'électroménager revu par le design. Le 16 février 1932, Jean Mantelet, qui depuis une dizaine d'années fabriquait des pompes à main dans son petit atelier de Belleville, dépose le brevet d'un moulin à légumes, d'après un presse-légumes acheté à la foire de Leipzig en Allemagne. L'idée est simple : « placer la matière à tamiser dans le récipient ; la surface hélicoïdale est animée, grâce à la manivelle, d'un mouvement rotatif. Sous cette action, la tranche supérieure de cette surface attaque la matière qui se trouve comprimée progressivement entre cette surface et le tamis conique ». Ce sont les termes mêmes du brevet. Il présente son moulin de fer-blanc étamé à la foire de Lyon, mais à un prix trop élevé. C'est l'échec. Il décide de prendre le pari : produire davantage de moulins et les vendre moins cher. Ce sera le succès à la foire de Paris. Un succès foudroyant, malheureusement interrompu par la guerre. Devenue Moulinex en 1956, la firme Moulin-Légumes se lance désormais dans l'électroménager, avec notamment le moulin à café électrique. Car Monsieur Mantelet est mû par une idée fixe : innover. Persuadé à juste titre qu'un jour la femme répugnera à tourner la manivelle de son presse-légumes, il décide de motoriser ses appareils. La société Moulinex passera en quinze ans de 800 à 8 000 employés, avec un audacieux pari : celui de conquérir le grand public, à condition de vendre l'électroménager à un prix raisonnable. Et pendant longtemps, l'image de Moulinex restera identifiée à des petits appareils vendus bon marché (mais on lui devra aussi la célébrissime essoreuse à salade, qui elle n'a jamais eu besoin d'être électrifiée). Derrière le fameux slogan, « Moulinex libère la femme », il y a en réalité la rencontre de l'industrie et du design dès la fin des années

1950, qui concrétise la volonté d'innovation en termes de marché.

Des produits innovants

C'est en 1680 que Denis Papin avait inventé son digesteur, ancêtre direct de l'autocuiseur, destiné à ramollir les os et à cuire les viandes. C'est en 1953 que naît la Societé d'emboutissage de Bourgogne (Seb), avec pour ambition de proposer le modèle définitif du cuiseur sous pression, éliminant ses concurrents trop lents ou parfois dangereux, et proposant la cocotte en fonte emboutie, avec sa fermeture de sous-marin et son manomètre.

Certains modèles fabriqués entre 1955 et 1959 sont toujours en circulation.
Si le PTFE (polytétrafluoréthylène) fut découvert par hasard en 1938, c'est en 1953 qu'un ingénieur (voulant perfectionner ses cannes à pêche) trouve le procédé qui permet d'incruster du téflon sur de l'aluminium et lui confère la propriété révolutionnaire de ne pas attacher. Il faudra trois années de mise au point avant la naissance de la poêle Tefal. En 1956, la première poêle antiadhésive au monde est lancée ; elle conquiert le marché américain en 1960. Racheté par Seb en 1968, Tefal lancera en 1974 l'appareil à croque-monsieur, premier appareil antiadhésif électrique.

La cocotte traditionnelle en fonte émaillée fait peau neuve avec la Coquelle : ligne moderne et coloris éclatants.

Spécialiste des produits destinés aux professionnels de la cuisine, Pierre Verdun invente en 1963 le robot-coupe, destiné dans un premier temps aux chefs de cuisine professionnels, mais qui, en 1971, prend le tournant du grand public avec l'apparition du Magimix, lequel connaîtra un succès plus important aux États-Unis qu'en France. Un instrument simple et complet, capable de hacher, couper, débiter, faire de la purée ou de la mayonnaise. Facilitant des opérations jusque-là parfois longues et complexes, le Magimix est à l'origine d'une évolution spectaculaire de l'électroménager.

De la cuisine à la table

C'est en 1925 qu'est apparue la première cocotte en fonte émaillée, un objet simple qui utilise un matériau (la fonte de fer) connu depuis le Moyen Âge, mais qui, à la différence d'autres ustensiles de cuisine, demande une certaine intervention manuelle et ne peut être entièrement standardisée. En 1957, la firme Le Creuset, spécialiste du genre, modernise la cocotte en proposant le modèle Doufeu, mais surtout, l'année

Ce grille-pain de table permettait de faire griller la face de deux tranches en même temps. Au bout d'un temps jugé suffisant, il fallait retourner les tranches pour faire griller l'autre côté.

suivante, Le Creuset fait appel à un designer célèbre, Raymond Loewy, pour redessiner la cocotte. Ni ronde, ni ovale, la Coquelle innove par une gamme de couleurs inédites, mais aussi par l'adjonction de poignées en plastique. Succès immédiat et foudroyant, jusque dans les années 1970. Le Creuset fait alors appel à un autre designer, italien cette fois, Enzo Mari : c'est le lancement de la célèbre Mama, toujours d'actualité. Modèle absolu des ustensiles de cuisson capables de passer directement du fourneau à la table, de la cuisine à la salle à manger. Modèle dont sauront s'inspirer d'autres ustensiles aujourd'hui courants, comme le poêlon à fondue, le barbecue de table ou même la plancha de table. Car lorsque la télévision commence à rythmer l'heure des repas, l'espace de la cuisine devient aussi celui de la salle à manger.

Un lieu de vie et d'émancipation

En 1830 est née la cuisinière en fonte, alimentée au bois. Née grâce à Franklin, elle permet une première concentration de la chaleur. Avec l'apparition du gaz vers 1850, une concentration plus importante se développe : la flamme sous pression est visible. Le foyer se règle à volonté, depuis la petite flamme qui permet de laisser mijoter un plat pendant des heures, jusqu'à la haute flamme ardente qui saisit un morceau de viande en quelques minutes. En l'espace de trente ans, les cuisinières mixtes (bois et gaz) dominent le marché, et il faut attendre 1930 pour que le tout gaz s'impose. Au moment même où apparaît la cuisine à l'électricité : la flamme disparaît, au profit de la puissance, de la régularité, et surtout de la sécurité. En 1925, on rêvait d'ailleurs déjà d'une cuisine futuriste : les cuiseurs modernes, dit-on, sont de tout petits appareils silencieux, propres, nets, sans flamme ni fumée. L'électricité est l'âme qui les anime...

Au-delà de l'utopie, un mouvement bien ancré dans le réel, celui de l'organisation rationnelle des tâches ménagères, voit le jour. Dès les années 1910, on voit apparaître des plans de maison conçus pour épargner des pas inutiles à la ménagère. On voit aussi apparaître de nouveaux matériaux, comme le liège et le linoléum, le chrome et l'inox,

mais également de nouveaux concepts concernant l'éclairage et la ventilation. Enfin, dès la vulgarisation du foyer à gaz, la femme se trouve libérée de sa présence en cuisine. Elle peut sortir, travailler, sans abandonner ses devoirs domestiques simplifiés au maximum. Mais lorsque la bonne à tout faire décide de choisir le travail réglé de l'usine à celui, plus aléatoire, du service en maison, une crise s'instaure. Féminisme naissant et manque de domestiques, l'espace de la cuisine elle-même va changer : à partir de 1925 apparaît le désir de remplacer la pièce utilitaire, dépourvue d'une quelconque dignité, par une cuisine-salle à manger, voire une cuisine-séjour. L'apparition de l'architecture intérieure ouverte porte un sévère coup à la cuisine indépendante : c'est le projet que défend déjà F. L. Wright aux États-Unis dans les années 1930. Appelée désormais « aire de travail », la cuisine se fond dans la salle de séjour. La cuisine dite « américaine » a de beaux jours devant elle.

Mais la cuisine propre, pratique et fonctionnelle des années 1960, avec son gros Frigo blanc, ses machines à laver la vaisselle, mais aussi souvent le linge, ainsi que son parc d'appareils électroménagers, apparaîtra bientôt comme un modèle caduc pour les milieux dominants, dès lors que le chic commande d'y réintroduire la chaleur et l'intimité de l'ancien, avec le retour en force du bois, de la cocotte en terre, des boîtes à épices et de la cuisinière à l'ancienne.

Dans les années 1950-1960, Catherine Langeais animait l'émission télévisée *Art et magie de la cuisine* avec Raymond Oliver.

De Tante Marie aux fiches cuisine

À la fin du XVIIIe siècle, les livres de cuisine s'adressaient essentiellement aux professionnels. Au siècle suivant, on assiste à une prolifération de traités et de manuels luxueusement illustrés, avec des recettes d'apparat destinées à la clientèle aisée des grandes villes. C'est au XXe siècle qu'apparaît le livre de cuisine familiale, dans la lignée de *La Cuisine moderne illustrée* (première édition, 1885), où l'on peut pourtant encore lire : « Une femme intelligente, ambitieuse, doit soigner son mari absolument comme un manager soigne le champion qui lui rapportera plus tard la forte somme... » Avec Tante Marie (Taride), Madame Saint-Ange (Larousse), puis Ginette Matthiot (Albin Michel) naît alors dans l'édition un genre familier que l'on retrouve aussi bien aux États-Unis qu'en Grande-Bretagne

Revue fondée en 1895, *Le Cordon bleu* propose chaque mois plusieurs recettes illustrées et des menus.

De forme ingénieuse, ce couteau spécial frites aurait pu être primé au concours Lépine !

ou en Allemagne, et dont le succès encore aujourd'hui ne faiblit pas. À ses débuts, le livre de cuisine familiale est copieux, accessible, abondant en recettes ménagères, mais riche aussi en conseils d'organisation, puisque les bonnes disparaissent petit à petit et que la ménagère doit apprendre à se débrouiller toute seule. Modèle du genre : *La Cuisine de Madame Saint-Ange* (Larousse, 1958) : méthodique ensemble des connaissances culinaires acquises par une maîtresse de maison ayant longtemps mis la main à la pâte... Par ailleurs, dès qu'un nouvel appareil apparaît sur le marché de l'électroménager, il est accompagné de son petit manuel de recettes pratiques, de la yaourtière au gaufrier en passant par les premiers mixers et robots.

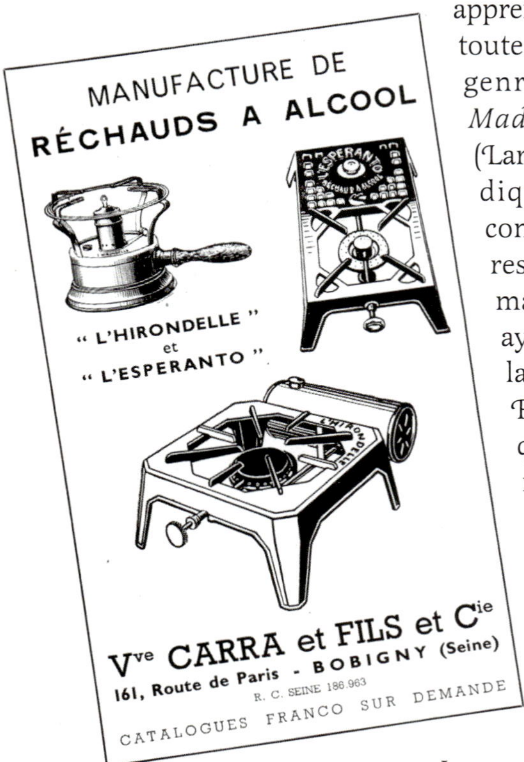

Mais on ne saurait non plus oublier ici l'incontournable *Larousse gastronomique,* dont la première édition date de 1938 (sous la plume de Prosper Montagné, assisté du docteur Gottschalk pour la partie historique et scientifique), une œuvre monumentale remise à jour plusieurs fois depuis, qui, tout en retraçant l'histoire de la table, dresse un panorama complet de la cuisine de la France et du monde, dans une fonction encyclopédique, mais aussi pratique.

Deux médias modernes vont eux aussi apporter une dimension nouvelle à la propagation de la bonne cuisine à la portée de tous. Dans les années 1932-1933 et 1934-1935, Édouard de Pomiane, chef du laboratoire de physiologie de l'alimentation à l'Institut Pasteur, mais aussi gastronome, cuisinier gourmand et gourmet, enregistre toute une série d'émissions radiophoniques à la TSF, qui furent publiées en 1936 chez Albin-Michel sous le titre de *Radio-Cuisine*. On peut y retrouver, dans un ton extraordinairement moderne, tout ce qui fait l'originalité de cette personnalité visionnaire qui pressentait l'orientation que devait prendre la société contemporaine dans le domaine culinaire (explications techniques accompagnant les recettes, recettes simples et rapides pour femmes pressées, recettes de plein air pour le

camping, recettes exotiques et étrangères, etc.). Ses nombreux autres ouvrages possèdent encore une actualité déconcertante, tels *La Cuisine en dix minutes* (1930), *365 Menus, 365 Recettes* (1938), une formule qui sera reprise un nombre incalculable de fois encore aujourd'hui, mais aussi *Cuisine et Restrictions, manger quand même* (1941), ou encore *La cuisine considérée comme un des beaux-arts* (1940), où l'on peut déjà lire : « Non seulement la diététique n'exclut pas la gourmandise, mais au contraire elle l'appelle à son secours… »

Un autre événement devait marquer durablement la transmission du savoir culinaire au grand public. La télévision, sortant la cuisine de son espace réservé, propose de livrer délibérément ses secrets au grand public. Elle instaure un couple d'un genre nouveau, incarné par Catherine Langeais et le grand cuisinier Raymond Oliver (alors chef du Grand Veyfour dont il avait pris la direction en 1950), qui révèle comme si de rien n'était les grands et petits trucs de la cuisine contemporaine, désormais démythifiée. Son humour et son érudition ont ainsi fait beaucoup pour le renom de l'art culinaire français. La grande vague des émissions culinaires à la télévision est lancée. La grande vogue des livres de chefs a commencé, elle, par un succès mondial immédiat : celui de Michel Guérard avec *La Grande Cuisine minceur* (1976), qui réconcilie l'art de bien manger avec les préoccupations diététiques de plus en plus présentes. Si les magazines féminins, de tout temps, ont accordé une place aux recettes de cuisine, le genre a très largement évolué, depuis les modestes encadrés de *Plats froids pour jours chauds*, parus dans *La Mode pratique* (1927), jusqu'aux fiches cuisine les plus sophistiquées, illustrées avec talent, publiées dans *Elle, Marie-Claire* ou *Saveurs*.

Dans les années 1950, le moulin à café électrique a remplacé celui à manivelle. Ce dernier, fixé au mur, permettait de moudre rapidement sans avoir à le maintenir.

Dans ses carnets, Françoise Bernard donnait non seulement des recettes mais également moult conseils à ses lectrices qui l'interrogeaient sur le choix des aliments, sur la composition des menus ou sur l'entretien du matériel.

La table de ce festin de noces, qui se déroule en Bretagne dans les années 1900, n'est autre qu'une planche placée sur une butte de terre.

Les traditions culinaires

Noël, Pâques ou la Chandeleur, dragées des baptêmes, pièces montées des anniversaires et des mariages : autant de rites qui résistent au temps, tandis que d'autres, surtout à la campagne, ne sont plus que folklore.

LA CUISINE calendaire, comme l'appellent les spécialistes de l'histoire de la table, a pour objet de recenser les plats cuisinés et les pâtisseries ou autres mets qui sont préparés traditionnellement à l'occasion d'une fête (religieuse le plus souvent) ou lors des événements qui rythment la vie en société, laquelle, jusqu'à une époque encore récente, était encore essentiellement rurale. D'où la diversité des recettes, variables selon les régions, mais parfois d'un village à l'autre, qui balisaient le quotidien tout au long de l'année. On doit en particulier à un auteur comme Arnold Van Gennep d'avoir consacré plusieurs tomes très documentés à ce sujet, le *Manuel du folklore français contemporain*, publié entre 1943 et 1958, et qui souligne les deux particularités que ces mets cérémoniels avaient (ont peut-être toujours) en commun : une valeur alimentaire particulière, pour rompre avec un ordinaire parfois frugal et surtout peu varié, mais surtout une signification sinon magique, du moins symbolique. Par comparaison avec ce que l'on peut observer de nos jours, il en ressort un tableau éclairant, qui distingue les traditions culinaires qui perdurent, même si certaines d'entre elles ont perdu leur sens originel, et celles qui sont petit à petit tombées en désuétude.

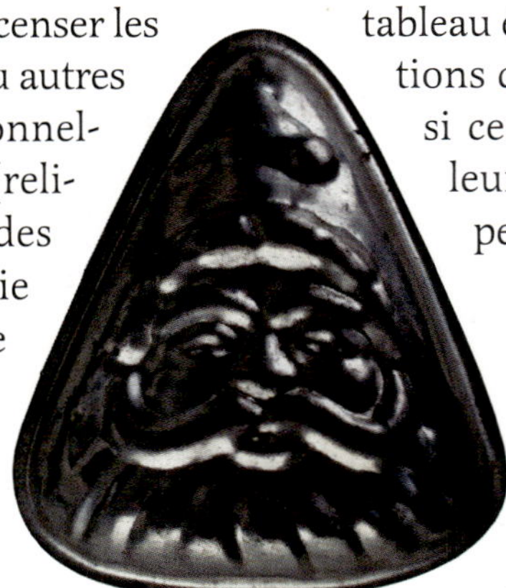

Des traditions perpétuelles

Fête familiale par excellence, Noël associe les réjouissances païennes du renouveau, du nouvel an, et la célébration religieuse de la naissance du Christ.

Encore aujourd'hui, la messe de minuit constitue un temps fort des célébrations de Noël. Dans l'édition de 1967 du *Larousse gastronomique*, on peut lire : « Le principal repas de la fête de Noël est chez

Composé de deux plaques en fonte ornées de dessins en creux et d'un long manche, le gaufrier permet de confectionner de délicieuses pâtisseries appréciées pour leur légèreté.

BOMBANCE DE NOEL
Le réveillon en famille

nous celui qui a lieu dans la nuit du 24 au 25 décembre, après la célébration de la messe de minuit. Ce repas est appelé le réveillon. Néanmoins l'abondance qui est toujours de règle pour ce repas, même s'il a lieu plus tôt dans la soirée, s'explique concrètement par d'anciennes coutumes : le jeûne de la vigile, la durée des offices et le chemin à parcourir aller et retour, éventuellement dans le froid et la neige. » D'où la daube en Armagnac, la choucroute et le foie d'oie en Alsace, la volaille et le gibier en Poitou et l'oie dans tout le Sud-Ouest, alors que la dinde est plutôt parisienne. Dans les années 1960, un menu de réveillon parisien comporte du foie gras ou du gibier, des crustacés ou des huîtres, mais il doit aussi pour obéir à la tradition proposer du boudin noir ou blanc, souvent les deux, et une dinde aux marrons enrichie de truffes. Le saumon ne deviendra courant que dans les années 1970. Si la langouste a toujours illustré les tables de luxe, la langoustine n'a gagné les assiettes que vers 1920 (au début du siècle, les marins bretons la rejetaient à la mer comme un parasite). Et le chapon surpasse aujourd'hui la dinde. Les futurologues des années 1960 prédisaient pour l'an 2000

Pâtisserie traditionnelle dans toutes les régions de France, le gâteau des rois avait la forme d'une couronne briochée à Bordeaux et au sud de la Loire (où elle subsiste encore aujourd'hui). Elle a été peu à peu remplacée par la galette feuilletée typiquement parisienne.

une pitance express à base de pilules et de concentrés. En fait, un siècle après les impressionnistes, les chefs courent au Japon chercher l'esthétique d'une nouvelle cuisine. Depuis, les migrations et les voyages ont donné le goût de l'exotisme. Le magazine *Saveurs* des années 2000 propose les réveillons cosmopolites de la cuisine fusion, avec des repas ethniques (buffet thaï, papaye, mangue et physalis) ou le mariage du rustique et du raffiné (pomme de terre et caviar, potiron et truffe).

Dans son *Cahier de recettes provençales* (Flammarion, 1994), hérité de sa grand-mère Athalie, qui avait recopié sur un cahier d'écolier les recettes qu'elle tenait de sa propre mère, Michel Biehm évoque l'une des plus belles traditions de la cuisine calendaire provençale : le gros souper de Noël, à la fois frugal et généreux, pris avant d'aller à la messe de minuit. Le repas est maigre : d'abord le pain calendal, grosse miche de pain doré marqué d'une croix, puis l'aïgo boulido, le céleri à l'anchois, le tian de cardes, un plat de poisson de mer, d'anguille ou de morue, les fromages de chèvre et une salade de chicorée frisée, et bien sûr les célèbres treize desserts. Ce sont eux surtout qui continuent de fêter Noël en Provence : les quatre mendiants (raisins secs, amandes, noisettes et figues sèches), les dattes et les noix, le nougat noir et le nougat blanc, les fruits frais (oranges, pommes ou poires, raisin blanc ou melon vert), ainsi que la pompe à l'huile d'olive, le gibassier ou la fougasse, enfin la pâte de coings, les fruits confits et les calissons.

Autre jalon qui résiste au temps, celui des Rois et de la Chandeleur. Partout en France, on partage le gâteau, mais la galette feuilletée, aujourd'hui largement répandue même en province, est typiquement parisienne, confectionnée par les boulangers qui prirent l'habitude jusqu'avant 1914 de l'offrir à leurs clients habituels le 6 janvier. Les crêpes et beignets de la Chandeleur (2 février) correspondent à une coutume très ancienne, liée à nombre de superstitions. On dit même que Napoléon fit sauter des crêpes (mal) avant de partir en Russie... Chaque adulte, aujourd'hui, conserve un souvenir plus ou moins lointain de crêpes ou de beignets, dont Mardi gras et Carnaval continuent de faire un large usage : beignets de fleurs d'acacia en Languedoc, beugnons du Berry, bottereaux nantais, bugnes arlésiennes ou lyonnaises, cruchpetas basques, landimolles picardes et merveilles charentaises, oreillettes de Toulouse, roussettes de Strasbourg et tantimolles de Reims... Avec de la farine, des œufs, du sucre et du lait, de la fleur d'oranger, du rhum ou du citron, toutes les combinaisons sont possibles.

Pâques constitue un autre point d'ancrage fort dans les traditions culinaires. Avec deux produits phares, l'œuf et l'agneau. Dans les

Il suffit d'un peu de pâte prélevée avec ce gaufrier pour réaliser des gaufres à la friture.

Le plaisir de faire sauter les crêpes dans la poêle demeure un moment privilégié de la Chandeleur.

Ces paysans du Vaucluse dépècent un agneau pour Pâques.

Avant de devenir des confiseries en chocolat, les œufs de Pâques étaient de simples œufs de poule colorés. Quelques feuilles d'épinard permettaient d'obtenir des œufs verts, tandis que les pelures d'oignon les rendaient jaunes.

traditions juive, musulmane et chrétienne, l'agneau de lait devint la victime sacrificielle après avoir donné lieu, chez les Anciens, à des rites de fertilité. Mais si l'agneau reste encore aujourd'hui par tradition consommé le jour de Pâques, le hasard ou le respect d'une coutume religieuse n'y sont pour rien. C'est que, tout simplement, à cette époque, la chair de l'agneau est infiniment savoureuse. L'agneau de lait, ou agnelet, est vendu non sevré de décembre à mars ; il est donc plus abondant entre janvier et Pâques, d'où sa présence indétrônable sur la table des festins traditionnels. Pauillac en Gironde, mais aussi Sisteron et les Pyrénées restent des références absolues en la matière.

Symbole de la vie renaissante, l'œuf joue un rôle tout aussi essentiel dans la préparation des mets ou même la décoration : campanili

corses (couronnes de pâte incrustées d'œufs), fouaces, échaudés, galette paquaude, sans parler des œufs en chocolat ou des œufs coloriés que l'on cache dans le jardin pour le bonheur des enfants. Le lundi de Pâques, bien souvent, poursuivait les festivités de la veille. Ainsi dans l'Oise, près de Senlis, tout jeune ménage était tenu, encore en 1938, d'offrir un repas à la jeunesse du village.

Il faut également mentionner, comme tradition encore bien vivante, celle de la Félibrée, grande fête occitane du Périgord, qui célèbre chaque année lors du premier week-end de juillet, les traditions locales, avec costumes d'époque, redécouverte des vieux métiers et pratique de la langue occitane, mais aussi et surtout organisation d'un gigantesque banquet, la taulada, où se font remarquer les cordons bleus de la région. L'année 2009 verra la 106e édition de la Félibrée toujours bien vivante.

Les âges de la vie

Pourquoi les dragées restent-elles synonymes de venue au monde, baptême et réjouissances familiales ? L'amande enrobée de miel était déjà une friandise très appréciée des Grecs et des Romains, qui en offraient lors des jours de fête, mais la dragée telle qu'on la connaît en France est mentionnée pour la première fois en 1220 dans les archives de la ville de Verdun. Le sucre de canne ayant été introduit en Europe, les premières vraies dragées font leur apparition et Colbert de noter qu'il se fait, encore à Verdun, grand commerce de dragées : on en offrait en particulier lors des baptêmes royaux. La célèbre affiche de Dransy (1933) pour les dragées Martial (un marquis tout sourire tenant à bout de bras un nourrisson souriant et des boîtes de dragées) ne fit que poursuivre cette tradition. C'est en principe le parrain qui achète les dragées, dans des tons pastel en accord avec la layette. La pratique qui consistait à en lancer à la sortie de l'église a disparu, mais les dragées décorent la table et les parents du bébé en offrent à la famille et aux amis.

Après le baptême avait jadis parfois lieu une réunion de famille, mais surtout, trois

Gâteau traditionnel de la Saint-Nicolas, le pain d'épices est cuit dans de petits moules aux formes amusantes. Deux ingrédients entrent dans sa préparation : le miel et des épices (cannelle, gingembre, anis...).

Les meilleures dragées sont faites d'amandes enrobées de sucre durci, lissé, blanc ou coloré. L'amande est parfois remplacée par une noisette ou une pistache. Jusqu'en 1850, leur fabrication se faisait artisanalement dans des bassines suspendues auxquelles on imprimait un mouvement de rotation. Le procédé s'est ensuite perfectionné et mécanisé.

Les dragées sont étroitement liées à trois cérémonies : le baptême, la communion et le mariage.

semaines après l'accouchement, la jeune mère fêtait la cérémonie des relevailles, qui la réintégrait dans la vie sociale quotidienne. À cette occasion était partagée en petit comité une brioche de la purification. Ainsi dans le sud de la Manche, au début du xxe siècle, la jeune mère entrait chez les voisins, invitait chaque femme à couper elle-même un morceau de brioche bénit et recevait en échange une petite pièce de monnaie.

La première communion est une fête que l'on préparait longuement à l'avance, comme en témoignent les pages du catalogue des *Grands Magasins du Louvre* en 1919.

Appelée « cantir » ou « gargoulette », ce cruchon en terre cuite, utilisé dans le Sud de la France, permettait d'avoir de l'eau fraîche pour se désaltérer.

Aujourd'hui, l'aube est asexuée, mais autrefois, les filles arboraient des robes de mariée en réduction et les garçons portaient costume et brassard. Quant à la traditionnelle pièce montée, elle est le point d'orgue du repas qui réunit toute la famille, parrain et marraine, invités et parents.

Fiançailles et surtout mariage, enfin, constituent deux grandes étapes de la vie signalées par force gâteaux, douceurs et pâtisseries, ainsi que par un repas particulièrement riche et soigné, dont bien souvent se charge un traiteur. Jusque dans les années 1950, en Cotentin, un repas de noces pouvait durer toute la journée. L'apparition de l'automobile a permis d'insérer entre le repas de midi et celui du soir une excursion digestive ; dans les années 1945-1955, les noces de campagne louaient fréquemment un car pour aller jusqu'à la pointe de la Hague ou à Barfleur, la mariée trônant au fond du véhicule sur la banquette arrière.

Des traditions qui s'oublient

Ne manger ni viande, ni aliment gras, selon la prescription de l'Église, pendant la période du carême et les jours d'abstinence, c'est ce que l'on appelle faire maigre. À l'origine, seuls les végétaux étaient tenus pour maigres, étaient exclus le beurre, la graisse d'origine animale, les œufs et le lait. Petit à petit cette rigueur s'atténua. Les œufs, puis les poissons et les coquillages furent comptabilisés parmi les aliments maigres. Quand les poissons furent autorisés (avec un succès particulier pour ceux que l'on pouvait conserver longtemps par salage et/ou fumage, comme le hareng et la morue), le gibier aquatique (canard, sarcelle, etc.) y fut assimilé. Pour les catholiques, la dernière survivance de cette obligation alimentaire a disparu en 1966, avec la suppression du maigre le vendredi, mais la tradition de servir du poisson ce jour-là s'est maintenue bien souvent, même dans les cantines scolaires, soutenue éventuellement par des considérations diététiques.

Dans la France rurale du xixe et du début du xxe siècles, le repas des moissonneurs a toujours eu une importance primordiale. Dans le Midi, le contrat de travail prévoyait par exemple cinq repas ou collations par jour :

un anchois sur du pain arrosé de vinaigrette à 7 h du matin ; un œuf dur et un morceau de fromage à 10 h ; une soupe de légumes ou une omelette à l'oignon à 13 h ; une salade aux croûtons à l'ail à 16 h et enfin, pour le souper (dîner), un ragoût de viande, une soupe et une omelette. Quant à la fin des moissons, elle était également marquée par un repas rituel : bouilli de bœuf en Normandie, confit d'oie dans le Sud-Ouest, jambonneau dans le Massif central, saucisses en Alsace, etc.

Comme les moissons, les vendanges donnaient lieu à des collations spécifiques selon les régions : soupe aux pommes de terre et fromage blanc aux herbes en Alsace, porc frais en Champagne, civet de lapin aux pruneaux en Touraine, flans de courge en Beaujolais, plats qui ont par endroits résisté à la modernisation, sans que l'on puisse établir nécessairement un lien avec la tradition ancestrale.

La paulée, mot typiquement bourguignon, désignait justement ce repas abondant de la fin des vendanges. Elle ne survit guère aujourd'hui qu'à Meursault, où elle a lieu à la fin du mois de novembre. Elle fait désormais partie de ce que l'on appelle les « Trois Glorieuses », trois journées qui commencent avec le chapitre annuel des Chevaliers du Tastevin, se poursuivent avec la célèbre vente aux enchères des vins des hospices de Beaune et se terminent avec la Paulée de Meursault, grand repas qui voit également l'attribution d'un prix littéraire.

Un grand banquet marque la fin des vendanges réunissant les vignerons, comme ici en 1910 à Vouvray.

Vêtue d'une robe blanche délicatement brodée, assortie au voile, comme une petite mariée, la jeune communiante se délecte à la vue des petits fours qui lui sont présentés. Ce jour-là, elle est la reine de la fête.

Dans les années 1960, la télévision diffuse auprès du grand public une image renouvelée des grands cuisiniers.

La grande cuisine

Entre un présent séduit par l'innovation et un passé attaché à ses souvenirs d'antan, la fracture n'est pas si apparente, et l'on préserve avec affection les aliments emblématiques de nos années d'enfance, même si le fast-food gagne du terrain.

Depuis la Seconde Guerre mondiale, les tendances de la consommation ont suivi un chemin bien tracé, avec la progression des protides d'origine animale, le déclin des boissons alcooliques, l'invasion des produits industriels et le triomphe de la diététique. Le réaménagement des temps de travail, des loisirs et des transports a suscité le développement d'une cuisine rapide et entraîné la déstructuration des repas. Mais comme par contrecoup, l'instinct conservateur et l'amour des traditions ont été encouragés. Et l'on assiste parallèlement à la commémoration émotive des cuisines familiales et régionales d'antan, remises au goût du jour. Mouvement auquel n'ont échappé ni la cellule familiale elle-même, ni les chefs et les restaurants, ni les critiques et les guides gastronomiques. Car le restaurant, né sous la Révolution, qu'il soit de haute réputation ou bistrot de quartier, auberge de campagne ou buffet de gare, appartient en propre à l'histoire de la table française. Il en est souvent le miroir.

Établissement du XVIe siècle fermé à la Révolution, La Tour d'argent rouvre ses portes en 1890, grâce à Frédéric Delair. Haut lieu de la gastronomie française, le restaurant obtient la troisième étoile dans la première édition du *Guide Michelin* en 1933.

Les vacances et le tourisme

Les vacances, en France, sont intimement liées aux congés payés, réforme sociale déterminante du Front populaire de 1936, qui ont, dans une certaine mesure, bouleversé le paysage culinaire de certains citadins. Les

Avec son épouse, Alexandre Dumaine (1895-1974) a fait de son restaurant, la Côte-d'Or à Saulieu, un lieu apprécié des personnalités.

vacances en famille, en province, parfois dans une contrée reculée, font (re)découvrir des saveurs, des produits inconnus ou méconnus à la ville, en particulier ceux qui voyagent mal : certains poissons, coquillages ou produits de la mer (bulots, salicornes, ormeaux, pibales, lamproie), certains fruits ou légumes (mirabelle, mogette, bricoli poitevin), des spécialités de charcuterie (fressure, boudins, potjevlesch du Nord), de fromagerie (cancoillote), ainsi que des pâtisseries et des confiseries. La mosaïque appétissante des spécialités régionales, déjà vantée dans les années 1920 par l'Association des gastronomes régionalistes, partie en guerre contre la cuisine de pacotille des grandes cités cosmopolites, incite naturellement au repli sur des valeurs quasi villageoises : vive la petite auberge de campagne où la soupe est préparée avec les légumes du potager, alors qu'en ville, les industriels tendent à donner le même goût de fer-blanc aux petits pois, à la sauce tomate et aux épinards en boîte...

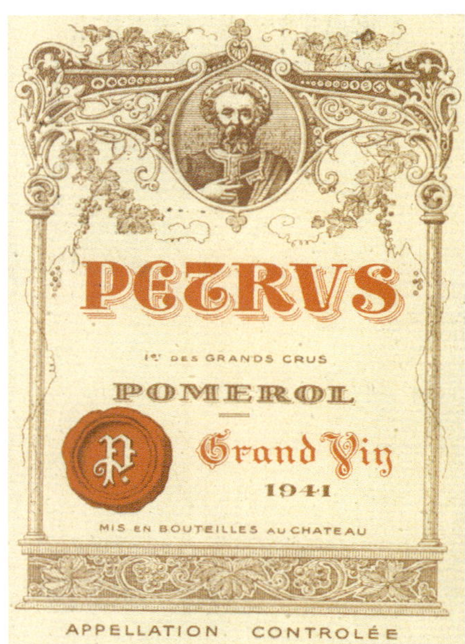

L'édition 1958 de *La Cuisine de Madame Saint-Ange* (Larousse), déjà citée, s'ouvre et se referme (pages de garde intérieures) sur les principales spécialités régionales qui font le renom de la bonne cuisine française. On y voit se côtoyer les tripes à la mode (sic) et la sole à la dieppoise, la bouillabaisse et le tournedos à la française (signalé comme typiquement gascon), la potée auvergnate et la carpe à la Chambord, les carottes à la Vichy, la quiche lorraine et le pigeon à la Valenciennes, le cassoulet et le canard farci façon du Limousin !

Sur le chemin des vacances, nombreuses ont été les haltes (avant les premières autoroutes et Restoroutes, dont le mot, déposé, date de 1966) incitant à découvrir une France différente, celle que vantait d'ailleurs certains gastrotouristes dans la lignée de Curnonsky ou d'Austin de Croze (auteurs à eux deux, en 1933, du *Trésor gastronomique de la France*), attachés à redonner du prestige à la cuisine bourgeoise et provinciale (par opposition à la sophistication de certains grands restaurants parisiens), mais déjà empreints d'une certaine nostalgie conservatrice. Et B. Champigneulle de s'exclamer en 1951 dans *La Cuisine considérée comme un des beaux-arts* : « Et l'on s'étonne que les Français de vieille race préfèrent partir à la recherche d'un bistrot sans confort ou rapporter un vrai camembert dans leur chambre plutôt que d'avaler des légumes insipides et des rôtis sans jus sous l'éclat des lustres, au milieu du tournoiement stylé des maîtres d'hôtel ! »

Il faut reconnaître que la vénération du terroir, des produits régionaux et des préparations traditionnelles est un phénomène qui résulte de l'amplification d'idées qui se font jour après la Seconde Guerre mondiale. Deux autres phénomènes vont les accompagner : la crise des grands palaces d'une part, le développement du tourisme automobile d'autre part. Pour agrémenter le long voyage tout au long de la nationale 7 qui relie la capitale et la Côte d'Azur, les Parisiens (du moins les Parisiens aisés) prennent l'habitude de faire halte dans des étapes gastronomiques qui peu à peu deviennent incontournables. C'est le cas de La Côte d'Or à Saulieu, dans le Morvan, où officie Alexandre Dumaine, de La Pyramide à Vienne, où règne Fernand Point, de L'Auberge du Pin près de Valence, que rendit célèbre André Pic (avant de s'installer à Valence même, trois macarons dans le *Guide Michelin* dès 1939), ou encore de L'Oustau de Baumanière, aux Baux-de-Provence, que rendit célèbre Raymond Thuillier. Jamais auparavant, un chef réputé (inscrit naturellement dans la lignée classique du grand Escoffier) n'aurait servi à ses clients du gratin dauphinois ou un gigot d'agneau aux herbes, une salade d'écrevisses ou un simple bœuf en daube.

C'est le même phénomène, en plus restreint mais en plus symbolique encore, que l'on observe avec les célèbres mères lyonnaises, surnom affectueux donné à plusieurs cuisinières, installées à leur compte à Lyon à la fin du XIXe siècle. Le succès de la première d'entre elles, la mère Filloux, jusque dans les années 1925, suscita de nombreuses émules, anciens cordons bleus de maisons bourgeoises, les mères Brigousse, Blanc ou Niogret, Bigot, Brijean et surtout Brazier, qui ouvrirent à Lyon des petits restaurants fréquentés par des fidèles et proposant une

Toute la magie de la Provence se retrouve dans la cuisine du prestigieux restaurant L'Oustau de Baumanière, fondé en 1945 par Raymond Thuillier.

Né à Collonges-au-Mont-d'Or en 1926, Paul Bocuse descend d'une lignée de restaurateurs et de cuisiniers implantés dans le Lyonnais depuis 1765. Attaché à la tradition et aux produits de qualité, il a renouvelé les grands classiques sans verser dans les excès de la nouvelle cuisine. Doté d'une forte personnalité, il s'est fait également l'ambassadeur de la cuisine française dans le monde.

cuisine locale aux raffinements certains (poularde demi-deuil, quenelles de brochet, potage velouté aux truffes, vacherin), ouvrant la voie aux grands cuisiniers de la région, comme Paul Bocuse ou Alain Chapel. Le premier descend d'une lignée de restaurateurs et de cuisiniers implantés sur les bords de la Saône depuis 1765 ; il débute en 1942 dans un restaurant lyonnais, puis sauve de la ruine en 1959 le petit établissement familial de Collonges, dont il fera un haut lieu de la cuisine connu dans le monde entier. Le père du second avait acheté en 1938 dans l'Ain une modeste auberge qui deviendra elle aussi un symbole de la grande cuisine moderne.

Une famille emblématique

C'est à Roanne que l'on peut trouver la meilleure illustration de cet héritage culinaire familial, transmis de génération en génération avec le même culte de la bonne cuisine, fêtant en 1998 trente ans de trois étoiles au Guide Michelin : la famille Troisgros. Qui aurait pu penser en 1930, lorsqu'elle s'installe à Roanne, chef-lieu d'arrondissement du département de la Loire, que la gare serait un jour repeinte en rose et vert, hommage au saumon à l'oseille (né en 1960), la recette sans doute la plus copiée au monde ? L'histoire commence pourtant à Chalon-sur-Saône où Jean-Baptiste Troisgros, dans les années 1920, tient un café. Vers 1930, il déménage à Roanne : l'Hôtel des Platanes, juste devant la gare, est une affaire idéale, sur le trajet du grand axe routier nord-sud le long de la vallée du Rhône. De bistrot, l'établissement, rebaptisé Hôtel Moderne, devient un vrai restaurant connu pour sa cuisine bourguignonne et ses bons vins. Repris par les deux fils, Jean et Pierre, le restaurant, dans les années 1950, sera tout simplement connu sous l'enseigne des Frères Troisgros. La France alors apaisée retrouve ses provinces gourmandes, tandis que Raymond Oliver fait entrer la cuisine à la télévision. On aime encore comme avant guerre les grands classiques (homard à l'américaine, filet de bœuf en croûte et pêches Melba). En 1959 (les deux frères ont décroché leur premier macaron au *Guide Michelin* en 1955), la carte propose toujours la sole meunière et la langouste Thermidor, le sauté de bœuf Strogonoff et les bananes flambées. Dans les années 1960 (second macaron en 1966), le classicisme est toujours de rigueur : en 1963, les frères Troisgros cuisinent le friand au ris de veau, la mousseline de brochet Nantua et la bécasse flambée. C'est vers 1970 que l'on commence à parler de nouvelle cuisine, un concept qui n'a pourtant rien de révolutionnaire, comme le prouvent ces lignes de Grimod de La Reynière (1758-1837), l'inventeur de la chronique gastronomique : « Les plats d'aujourd'hui sont très légers

Conserves de Luxe

FOIES GRAS ET TRUFFES

TÉLÉGRAMMES YAUNE-CONSERVES PÉRIGUEUX
TÉLÉPHONE 383
CODES A.Z. - A.B.C.
ADRESSE AU BOTTIN

1908 1925

CHÈQUE POSTAL BORDEAUX 3748
COMPTES COURANTS
BANQUE DE FRANCE
SOCIÉTÉ GÉNÉRALE
Comptoir National d'Escompte

MARQUE DÉPOSÉE

LA SEMEUSE DU PÉRIGORD

PRIX COURANT 1924-1925

CHARLES YAUNE PÉRIGUEUX Dordogne (France)

Un nombre important de Tarifs n'ayant pas été reçus l'an passé par mes Clients, j'ai, cet hiver, procédé de façon à combler cette lacune en confiant un double au présent journal.

Madame, PÉRIGUEUX, *(Décembre 1924).*

Ci-contre, veuillez trouver mon Prix-Courant 1924-25, qui sera je l'espère, comme d'usage, l'objet de votre attention bienveillante.

Le succès, sans cesse accru pour tous mes articles, et mon **Rocher de Foie Gras Truffé Yaune,** *en particulier, est dû aux très nombreuses recommandations de mes Clients. Je les en remercie vivement.*

Avec l'avantage d'avoir eu un produit hors de comparaison qui ne se fait que chez moi, les personnes m'ayant fait confiance profitent des cours **établis** *depuis 8 mois et* **maintenus toute l'année,** *alors que, pour des articles similaires et inférieurs, des maisons ont relevé sensiblement leur tarif depuis Décembre dernier.*

Pour les personnes recevant mon Prix-Courant et qui ne sont pas clientes, un Colis-Référence, livré franco de port et d'emballage, est composé à leur intention, suivant l'usage de ma maison.

Veuillez agréer, Madame, l'assurance de ma considération respectueuse.

Ch. YAUNE.

N.-B. — *Les produits mentionnés ici sont préparés pour la Clientèle privée, et ne sont pas vendus dans le Commerce.*

MES PRIX SONT NETS SANS TAXE DE LUXE

Venir déjeuner ou dîner à L'Espadon, le restaurant du Ritz, hôtel légendaire de la place Vendôme à Paris, implique, comme ici en 1939 mais encore aujourd'hui, le luxe à l'état pur, grâce à une cuisine d'exception servie avec élégance dans un cadre enchanteur.

et se distinguent par leur parfum et leur délicatesse. On a découvert le secret de nous faire manger plus et mieux, tout en nous permettant de digérer plus rapidement. La nouvelle cuisine (sic) favorise la santé, la bonne humeur et la longévité ! »
Ces lignes pourraient servir d'exergue aux plats que proposent désormais les Troisgros : court-bouillon d'écrevisses au sauvignon, émincé de rognon aux échalotes mauves ou mille-feuille aux fraises écrasées. On est passé de la cuisine bourgeoise aux créations audacieuses et aux sauces dépouillées (troisième étoile en 1968). En 1972, le magazine *Gault-Millau* met à l'honneur les deux frères qui dirigent, selon les deux critiques, le meilleur restaurant du monde. C'est sans doute la preuve que la haute gastronomie non seulement joue pour ainsi dire un rôle de tête chercheuse dans le changement et l'évolution des mœurs alimentaires, mais aussi qu'elle cristallise les tendances qui sont à l'œuvre dans une société. On observera la même tendance avec des chefs comme Michel Guérard, chef pâtissier du Crillon à Paris en 1957, créateur d'un célèbre pot-au-feu, à Asnières en 1965 ; il s'installera définitivement à Eugénie-les-Bains dans les Landes, suivant le courant de la grande vogue de la nouvelle cuisine (et de la cuisine légère). La formule de nouvelle cuisine sera lancée plus tard par deux critiques gastronomiques, Henri Gault et Christian Millau : elle consacre le déclin des plats de parade et des formules toutes faites ; surtout, elle convient mieux au mode de vie moderne (plus féminisé également), qui refuse les

Propriétaire du Grand Véfour, célèbre restaurant parisien, Raymond Oliver (1909-1990) est à l'origine de la première émission culinaire télévisée, *Art et magie de la cuisine*, créée en 1953.

Gaston Lenôtre, Paul Bocuse et Roger Vergé : trois grands cuisiniers qui représenteront la gastronomie française à Disneyworld en Floride, en 1971.

préparations considérées comme trop riches et sublime le choix des saveurs naturelles, à un moment où l'industrie agroalimentaire est par ailleurs en passe de définir le quotidien de l'alimentation des Français.

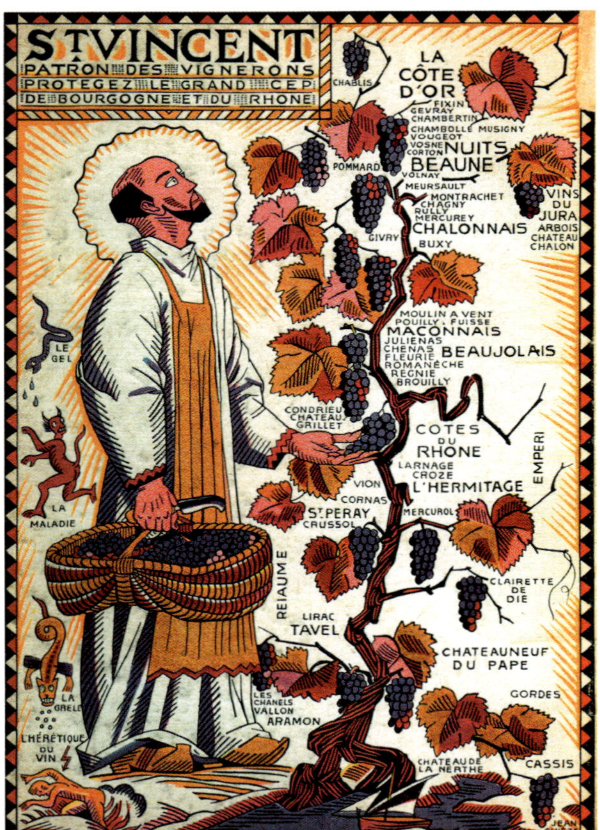

Critiques et guides gastronomiques

Les chroniqueurs gastronomiques, depuis le milieu du XVIIIe siècle, jouent un rôle informatif, mais aussi critique et littéraire, dans les revues et les magazines, ensuite à la radio ou dans d'autres médias modernes. Comme le soulignait l'un d'entre eux, James de Coquet : « La littérature française compte une section dont on ne trouverait pas l'équivalent dans d'autres pays : la chronique gastronomique. Elle consiste à analyser la cuisine des restaurants comme s'il s'agissait d'un livre, d'une pièce de théâtre, d'un tableau, d'un opéra. La cuisine est aussi un art. Il est donc naturel que le feuilleté de homard de tel chef suscite le même vocabulaire que le *Chevalier à la rose* sous la baguette de Karajan. »

En revanche, c'est le développement de l'automobile et du tourisme qui engendra la multiplication des guides. Le plus ancien est le Michelin (*Guide Michelin* pour les chauffeurs et les vélocipédistes), lancé en 1900, un an avant l'inauguration du restaurant du Train bleu, le célèbre buffet de la gare de Lyon. Le *Guide Michelin*, lié à un mode nouveau de découverte du territoire, encourage délibérément l'industrie hôtelière. Viendront ensuite les *Guides bleus*, qui prolongent depuis 1910 les *Guides Joanne*, attirant l'attention sur les spécialités culinaires des régions visitées. Puis ce sera le *Guide Kléber* (1954).

Les étoiles attribuées par le *Guide Michelin,* entre les années 1930 et 1970, sont révélatrices de plusieurs phénomènes qui, partant de la haute cuisine, se sont propagés ensuite à l'ensemble de la société et des consommateurs. Par exemple, avant 1965, les légumes sont pratiquement absents de la carte. L'ancien régime culinaire les passe sous silence. Il n'y a place, à l'occasion, que pour quelques champignons (morilles et cèpes); quant à la truffe, curieusement, elle n'apparaît en pleine lumière que dans les années 1970, époque au cours de laquelle on voit également surgir le poireau et le chou, l'oseille et la betterave, les lentilles et les carottes. Le poisson également apparaît comme un grand triomphateur à partir des années 1960. Autre exemple de l'assimilation de certains produits par la haute cuisine, avant qu'ils ne soient adoptés couramment par l'ensemble de la population : celui des pâtes fraîches, pratiquement inconnues avant 1968.

Le retour au saisonnier, et ce que Paul Bocuse a appelé « la cuisine du marché », ont finalement traduit une mutation du rapport entre le consommateur et les aliments frais. Avec la prééminence du beau et bon produit, revendiqué comme tel par les chefs devenus créateurs, le consommateur, de plus en plus soucieux de diététique, affirme des valeurs de légèreté, de nature et de plaisir. Notions qui, au début du xxe siècle, n'étaient même pas envisageables. Lorsque les grands chefs affirment leur désir d'aller faire leur marché eux-mêmes, la symbolique de ce lieu d'achats et d'échanges est magnifiée. Le marché du dimanche devient non plus une corvée, mais un plaisir.

Le célèbre buffet de la gare de Lyon à Paris, Le Train bleu, possède un décor resplendissant composé de grandes fresques à l'effigie des différentes villes du réseau PLM (acronyme de Paris, Lyon, Marseille).

Certains fruits tropicaux, comme l'ananas, sont cultivés très tôt en serre dans la péninsule Ibérique pour alimenter le marché français.

Les nouveaux produits

Malgré les bouleversements des modes de vie et de consommation, l'instinct conservateur a préservé amoureusement les traditions gastronomiques, aussi bien dans la cellule familiale que dans le rite social du restaurant.

Avant de passer à table ou en cuisine, on observait autrefois l'âge des vins, la maturation des fromages, la fraîcheur des fruits et des légumes, la mortification du gibier. Aujourd'hui, on vérifie la date limite de consommation d'une conserve ou d'un produit semi-frais, le délai de décongélation ou la vitesse de cuisson, en minutes, d'un plat en barquette allant au four à micro-ondes. Mais il serait faux d'opposer systématiquement un présent fatalement séduit par l'innovation et un passé installé confortablement dans ses valeurs traditionnelles. La grande cuisine bourgeoise est morte avec la Grande Guerre, tandis que la gastronomie régionaliste s'est imposée dans les années 1930, avant que l'essor de la diététique ne vienne perturber l'appétit du gourmet.

L'industrie alimentaire prend son plein essor après la Seconde Guerre mondiale. Ci-dessus, le cassage des œufs dans l'usine de pâtes Lustucru.

Cuisines venues d'ailleurs

À ne citer que deux exemples parmi tant d'autres, il n'existe pas semble-t-il deux plats plus typiquement français, plus profondément enracinés dans leur terroir d'origine de toute éternité, que la ratatouille et le cassoulet. Et

Transportées encore vertes, les bananes sont mûries en cave, comme ici en 1928.

pourtant la tomate et le poivron étaient totalement inconnus au nord de la Loire avant les années 1800. Quant aux haricots du cassoulet, ils n'ont fait leur apparition dans l'Hexagone qu'au XVe siècle.

La notion d'exotisme est parfaitement relative. Les Normands ont longtemps (encore dans les années 1955-1960) tenu l'huile d'olive pour un produit parfaitement exotique qui n'avait pas sa place en cuisine. Inversement les Provençaux n'auront, encore aujourd'hui, guère le réflexe d'utiliser du beurre breton demi-sel.

Outre cet exotisme franco-français dont on pourrait multiplier les exemples, il faut également noter la diffusion de produits, certes connus depuis longtemps, mais qui ont bénéficié d'une publicité particulièrement efficace. C'est le cas, par exemple, du sel de Guérande, sauvé de la disparition au début des années 1970 et qui, bénéficiant du soutien inconditionnel des grands chefs, a retrouvé non seulement ses lettres de noblesse, mais aussi une place de choix dans les linéaires des grandes surfaces. Autre exemple marquant, celui de la mâche : une petite salade sauvage qui pousse spontanément dans les champs et dont la région nantaise s'est emparée avec succès grâce aux talents des grands chefs.

Les épiceries fines

Venus réellement d'ailleurs, de beaucoup plus loin, d'autres produits et d'autres cuisines se sont implantés sur le territoire français, à la suite de circonstances très variables. Les émigrés russes, par exemple, fuyant la révolution de 1917, sont nombreux à venir s'installer à Paris. Ainsi s'ouvriront nombre de petits restaurants-épiceries du 16e et du 17e arrondissements, faisant découvrir pirojki, borchtch, vatrouchka et autre zakouskis, vodka, caviar et blinis.

Les Antilles, naturellement, ont compté parmi les premiers éléments d'exotisme. La banane conquiert rapidement son public, portée par une image très positive : c'est l'aliment de choix pour devenir fort, proclame une réclame de 1947 ! L'ananas a conservé beaucoup plus longtemps une image de luxe. Il faut cependant noter l'influence qu'aura pu avoir une enseigne comme Hédiard. Charpentier de profession, Ferdinand Hédiard faisait le tour de France de compagnon à la fin du XIXe siècle lorsqu'il découvrit les produits d'outre-mer dans les ports français. Décidé à les faire connaître à Paris, il fut le premier à vendre la cardamome de Ceylan, le safran de Bourbon, l'anone des Indes ou le mangoustan d'Indonésie, mais aussi à importer régulièrement des ananas. La diffusion des magasins Hédiard dans les villes de province a contribué, dans les années 1960 jusqu'à aujourd'hui, à diffuser nombre de produits exotiques, frais ou en conserve. Mouvement que suivit également la maison Corcellet, traiteur spécialisé

Préparation des olives avant pressage dans la région niçoise en 1910.

dans les produits exotiques et les épices, qui lança entre autres la mode du poivre vert.

L'avocat est resté pratiquement inconnu des Européens, si ce n'est des voyageurs, jusqu'aux années 1950. D'abord objet de curiosité, il apparaît petit à petit dans les livres de recettes. On peut lire par exemple dans *La Cuisine de Madame Saint-Ange* (1958) : « L'avocat est un fruit en forme de poire de couleur vert foncé que l'on trouve sur quelques marchés du midi de la France et chez les marchands de fruits exotiques. Partagé en deux moitiés, le noyau ayant été enlevé, on assaisonne l'avocat de sauce vinaigrette. La chair sans acidité a la consistance du beurre. » Ces quelques lignes ne sont suivies d'aucune recette. Aujourd'hui, l'avocat a gagné toutes les régions de la France profonde.

Découvert en Chine en 1874, acclimaté en Nouvelle-Zélande où les premiers fruits furent expédiés en 1906, le kiwi (mot maori) a fait sa première apparition en Occident au cours de la Seconde Guerre mondiale (après que l'on ait découvert sa grande valeur diététique). Il est cultivé en France depuis 1968, surtout en Aquitaine.

Une autre cuisine exotique a fait une remarquable percée dans les années d'après-guerre : celle qui provenait de cette région que l'on appelait encore l'Indochine. Les premiers restaurants (indo)chinois se sont ouverts à Paris dans le 5e arrondissement, au Quartier latin, faisant connaître rouleaux de printemps, nems et canard laqué, mais aussi germes de soja et nuoc-mâm. Et s'il faut parler des conséquences sociologiques des guerres coloniales, que dire de l'apport de la cuisine pied-noir dans

La margarine est un produit issu des fruits du palmier.

Des desserts lactés tout prêts remplacent peu à peu le yaourt traditionnel.

les années 1960, même si le couscous faisait déjà partie du répertoire français depuis la conquête de l'Algérie sous Charles X.

Deux autres cuisines venues d'ailleurs ont fait également une remarquable percée dans les années 1950, toutes deux méditerranéennes : cuisine d'Italie et cuisine d'Espagne ; les mouvements migratoires des deux nations, dans les années 1930, avaient largement préparé le terrain. Et c'est ainsi que les Français découvrent petit à petit la pizza et les spaghetti, la paella et les gambas, fabriquant du même coup des stéréotypes culinaires qui auront la vie dure. Ce fut ensuite la diffusion de spécialités qui, hors du contexte, représentaient dans l'Hexagone un morceau de Dolce Vita ou de Costa Brava, avant de tomber dans la banalité : tomates-mozzarella, expresso et sangria, pour ne parler que des clichés les plus marquants.

Agrémentées de sauce tomate, les pâtes, vite cuites, constituent le plat unique.

Dans l'édition de 1958 du *Bottin de la commère, pour bien manger à Paris,* Carmen Tessier, la célèbre chroniqueuse de *France-Soir,* au chapitre des restaurants étrangers à Paris, recense un belge, deux chinois, deux danois, trois espagnols, un grec, un hongrois, un indonésien, cinq italiens, un japonais, un juif, deux nord-africains, un polonais, trois russes et même un africain, Le Cannibal (8, rue de Lille), où le patron reçoit dans un décor de peaux de tigres, de chacals et de bambous ; tam-tam bruyant sinon assourdissant !

Qui aurait pensé, vers 1950, que la cuisine japonaise déborderait un jour de ses frontières, au point de communiquer aux Français le goût du poisson cru et de leur inspirer des recettes (tartares et carpaccios) où le poisson passe directement de la mer à l'assiette sans être cuit au four ?

Des produits emblématiques

Typiquement made in France, plusieurs produits illustrent un fragment d'histoire collective, qui s'inscrit dans une mémoire toujours vivante. Plus emblématiques qu'anecdotiques, ils balisent à la fois des goûts et des souvenirs toujours présents.

C'est en 1908 que le directeur de l'Institut Pasteur et prix Nobel Elie Metchnikoff met en lumière les vertus digestives, diététiques et immunitaires du yaourt né dans les Balkans. Une dizaine d'années plus tard, un entrepreneur de Barcelone, décide d'exploiter commercialement ces conclusions et met en vente dans les pharmacies de la capitale catalane un yoghourt baptisé Danone, surnom de son fils Danièle. Ce dernier s'établit à Paris et fonde en 1929 la Société parisienne du yoghourt Danone. Pionnier de l'agroalimentaire, il crée une usine en 1932 à Levallois-Perret, dont les méthodes modernes de fabrication feront rapidement merveille. Quand bien même Marcel Aymé, dans *Maison Basse*, en

Les Suisses et les Amateurs Gervais sont expédiés le jour même de leur fabrication dans toute la France. Quelle fraîcheur !

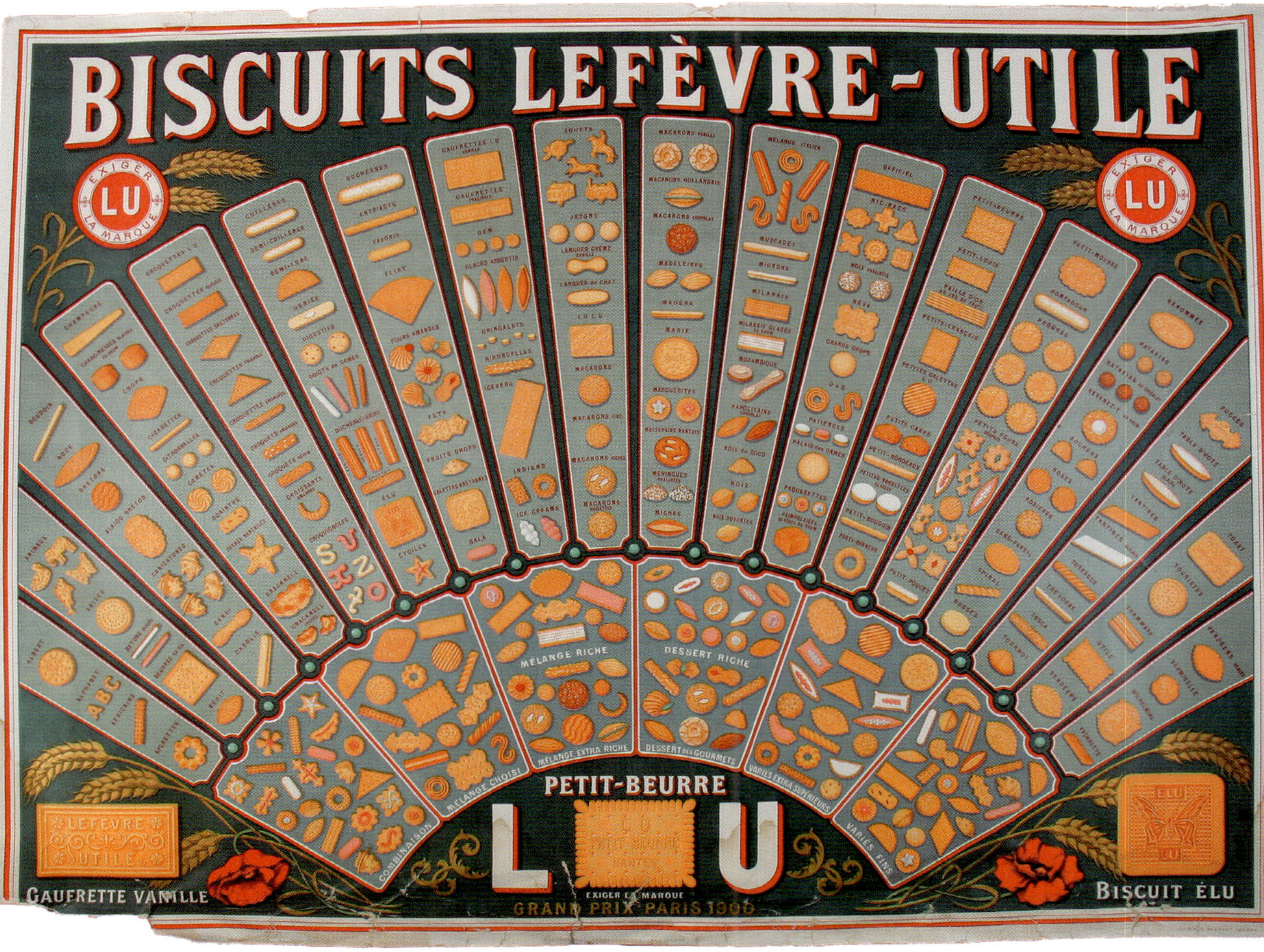

Au début du XXe siècle, la biscuiterie LU proposait un nombre considérable de gâteaux secs au nom évocateur, dont certains sont toujours commercialisés.

1935, considère encore le produit avec circonspection : « Un matin, il rangeait des pots de yaourt, sorte de lait caillé d'une assez grande réputation, quoique sans orthographe bien sûre. Le public quant à lui, et pas seulement la petite classe, est séduit. » Dans les années 1950 et 1960, on verra apparaître les aromatisés, les fruités et les veloutés.

Fromage frais à pâte lissée plus ou moins enrichi en crème fraîche, le petit-suisse fut inventé dans les années 1850, grâce à l'astuce d'un employé de laiterie normande, d'origine helvétique, qui avait suggéré à sa patronne d'ajouter de la crème dans le lait. C'est elle qui livra à un jeune commis des Halles, Charles Gervais, la recette du suisse (ainsi l'appelait-on à l'origine) pour qu'il en assure la commercialisation. Jusqu'en 1950, les petits-suisses étaient vendus dans des caissettes en bois léger, puis dans des petites boîtes de carton humide qui contenaient six petits-suisses. Gervais restera pendant presque 70 ans la seule marque à exploiter cette délicieuse trouvaille. C'est aussi la principale marque de demi-sel, fromage frais salé né en 1872 dans le pays de Bray, reconnaissable à sa forme carrée et à son emballage de papier d'argent.

En 1846, Romain Lefèvre, pâtissier originaire de l'Est, et sa femme, née Utile, s'installent à Nantes et se font connaître comme fabricants de biscuits, les premiers petits-beurres vendus en paquets. Leur fils Louis Lefèvre-Utile transforme l'affaire familiale en une véritable industrie moderne. Il crée la maison LU en 1886 et développe considérablement la fabrication des véritables Petits Beurre. En 1905 est lancée la Paille d'or. À Nantes également apparaît la Biscuiterie Nantaise (BN) en avril 1896. Mais c'est dans les années 1920 que le biscuit devient un aliment à part entière, pratique à consommer, sans déchet, et avec une valeur nutritive indéniable. En 1922 est lancé le casse-croûte BN, puis en 1933 le choco casse-

Les sociétés Pepsi-Cola et Coca-Cola se livrent une guerre sans relâche, notamment en France.

croûte : il demeure encore aujourd'hui l'un des biscuits les plus vendus. Petit Lu et Choco BN restent à jamais inscrits dans la mémoire gustative.

Médecin, ex-maire de Nîmes et propriétaire de la Société des Eaux Minérales, Boissons et Produits Hygiéniques de Vergèze, dans le Gard, où jaillit une eau gazeuse (qui jadis désaltéra les légions romaines), Louis Perrier rencontre en 1903 un certain John Harmsworth, qui désire faire quelque chose d'intelligent de sa fortune : acheter cette source, par exemple, et la baptiser du nom de son ancien propriétaire en quête de notoriété, en conservant d'ailleurs le même logo, inchangé depuis l'époque de Napoléon III. L'Anglais invente néanmoins la forme de la bouteille, copiée sur celle de ses battes de gymnastique. Les quarts Perrier ont dès lors balisé les cocktails et rafraîchissements aux quatre coins de l'Empire britannique. Redevenu français après la Seconde Guerre mondiale, Perrier continue d'exporter une grande partie de sa production, mais conquiert également le marché français, amateur de bulles vigoureusement pétillantes. Le symbolisme du champagne *(Perrier c'est fou !)* fit de boire de l'eau un succès : fait unique dans l'histoire des eaux de table.

Qui ne connaît cet apéritif populaire confectionné avec de la crème de cassis sur laquelle on verse du bourgogne blanc, généralement un aligoté ? Il s'agit du blanc cassis, traditionnel en Bourgogne, mais que tout le monde apprécie aujourd'hui sous le nom de kir. Le blanc cassis est bien antérieur en réalité au chanoine Kir qui lui a laissé son nom dans les années 1960 et l'a rendu célèbre en en faisant la boisson exclusive des vins d'honneur de l'hôtel de ville alors qu'il était maire de Dijon.

Nombreux sont en France les produits du terroir qui ont décidé, par le biais d'une confrérie, d'un club ou d'une association, de donner davantage de chances à ces produits de gagner un public plus vaste. Les années 1950-1960 ont vu se multiplier les initiatives de ce genre, de la madeleine de Commercy, à l'huître de Marennes en passant par l'escargot de Bourgogne, le boudin de Mortagne

Produit protégé dans une enveloppe individuelle et accompagné d'un cadeau constitue un nouveau concept marketing.

Grand repas organisé par la confrérie du Tastevin, à Clos-Vougeot (Côte-d'Or), en 1952.

ou les rillettes de la Sarthe. Sans oublier bien entendu les confréries vineuses ou bachiques qui, même si elles ont pour la plupart été fondées il y a plusieurs siècles, ont retrouvé un second souffle dans les années d'après-guerre, à l'instar de la Jurade de Saint-Émilion, créée il y a plus de 800 ans et qui a trouvé un nouveau souffle en 1948. Citons également la notoriété des Chevaliers du Tastevin, qui se sont réunis lors d'un dîner de gala en 1934 : depuis, leurs cérémonies qui se déroulent au château du Clos de Vougeot ont fait beaucoup pour la promotion des vins de Bourgogne, au point que la confrérie a essaimé jusqu'aux États-Unis. En 1949, pour sortir du marasme économique, les producteurs du Médoc ont fondé, sur le modèle des Tastevins, une Académie des vins de Bordeaux. Un exemple spectaculaire qui a été suivi par de nombreux autres. Pays de Loire, Alsace, Sud-Ouest et Méditerranée ont suivi le même chemin dans les années 1950-1960 et même 1970.

Produit de luxe devenu populaire

Jusque dans les années 1960, il existe une frontière encore très nette entre les produits de grande consommation et certains produits de luxe, réservés aux tables de fête et aux grandes occasions. Trois d'entre eux vont cependant, entre 1950 et aujourd'hui, sortir avec éclat de leur réserve élitiste. L'un des exemples les plus spectaculaires est celui du

Dans les années 1960, les nouveaux produits se vantent de conserver le bon goût des aliments.

Encore peu connu dans les années 1920, ce produit à base de jus de viande s'est largement répandu après la guerre. Il était proposé dans les bars et les cafés.

saumon fumé. On le trouve actuellement dans tous les linéaires des grandes surfaces au rayon frais, entre les pots d'œufs de lump et les filets de hareng saur. Comme s'il s'agissait de simples tranches de jambon sous plastique. Ce qui est pratiquement le cas.
Or, dans les années 1960, le marché français du saumon fumé est dominé par quatre grandes maisons de luxe, Pétrossian, Caviar Volga, Kaspia et Klapisch. C'est à un entrepreneur quelque peu visionnaire du Sud-Ouest, Robert Labeyrie, que l'on doit d'avoir su, à partir des saumons de l'Adour, imposer le saumon fumé français dans les grandes surfaces en devenant, en l'espace de quelques années, leader sur ce créneau. Le foie gras va connaître pratiquement la même envolée, à partir de ses régions d'origine privilégiées. On le servait jadis en fin de repas, avec truffe, vin liquoreux et cubes de gelée. On le propose désormais en lichettes sur du pain de campagne à l'apéritif.

Self-service, fast-food et hamburger

En l'espace de deux générations, le temps consacré à la préparation des repas familiaux a considérablement diminué : en 1930, la femme au foyer consacre à la cuisine 3 à 4 heures par jour ; dans les années 1980, la cuisine n'occupe plus qu'une demi-heure au plus en moyenne par repas pour les jours de la semaine.
L'histoire des mots est à cet égard parfaitement éclairante sur l'évolution des mœurs. Le mot américain *self-service* date de 1939 et il fut adopté tel quel en France une dizaine d'années plus tard. À partir de 1961 ; on parle même, familièrement, de self, mais l'américanisme possède néanmoins son équivalent français, apparu en 1950 : le libre-service. Quant au snack-bar, il a suivi pratiquement le même tracé : les Français l'empruntent sous cette forme aux Américains dès 1933 et l'abrègent couramment en snack en 1958.

En 1959, un deuxième magasin Leclerc ouvre ses portes à Paris, sur un principe du producteur au consommateur, qui lui permet d'offrir des produits moins chers.

Plusieurs entreprises se lancent dans la fabrication de pâtes à tartiner à base de fromage. Les boîtes de Vache qui rit sont imprimées du célèbre logo dessiné par Benjamin Rabier en 1920.

Mais le mot a reculé dans les années 1970 devant un autre anglicisme qui désigne une réalité un peu différente : le fast-food, restauration rapide et bon marché. Royaume incontesté du hamburger. Ce dernier mot est attesté en français chez Paul Morand en 1930, mais il ne s'est répandu en France qu'à partir de la Seconde Guerre mondiale, sous l'influence des soldats américains.

Nouvelle hygiène alimentaire

« Il faut manger pour vivre et non pas vivre pour manger » : la formule, pour être ancienne, n'a jamais perdu de son actualité, mais elle a retrouvé, à partir des années 1950 une actualité nouvelle qui n'a jamais cessé de se renouveler, au fil des découvertes scientifiques, des modes et des tendances. La profession de diététicien(ne), spécialiste de la diététique et de l'hygiène alimentaire ayant reçu une formation technique et paramédicale, est relativement récente en France : 1953. Mais à partir de cette date, son domaine d'activité n'a fait que s'élargir : outre l'alimentation en milieu hospitalier et dans les collectivités (notamment en milieu scolaire), il concerne également l'industrie alimentaire et les conseils auprès des particuliers, de plus en plus préoccupés de régimes. Jusque dans les années 1960, on cuisine et on mange plutôt gras ! Les premiers régimes minceur, dans la foulée des modèles américains, vont se multiplier jusqu'à l'obsession à partir des années 1970. Rappelons qu'en France, la loi du 25 mars 1966 définit les aliments diététiques, en précisant qu'ils doivent se différencier nettement des produits de consommation courante de même catégorie. Ce qui n'a pas empêché certaines industries agroalimentaires d'exploiter le filon rentable des produits soit allégés (en sucres ou en graisses), soit enrichis (en fibres ou en vitamines).

Les vitamines, justement, ont une histoire récente. La notion ne date que du début du XXe siècle. Un médecin hollandais découvrit fortuitement à Java en 1901 que l'apparition du béribéri coïncidait avec une alimentation composée de riz blanc et il en conclut que le riz complet contenait un facteur préventif.

Ce facteur, isolé en 1911, par un médecin polonais, fut baptisé vitamine : amine nécessaire à la vie. C'est dans les années 1920 que l'identification et la synthétisation des vitamines constituèrent dès lors une part majeure de la biochimie nutritionnelle.

Après l'urbanisation et l'industrialisation, le développement de l'agroalimentaire et des grandes surfaces, une crise s'est déclarée : le choix des aliments et les rythmes alimentaires relèvent désormais de l'individu alors qu'ils étaient jusque-là déterminés par la tradition. L'heure, le lieu, les modalités, la nature et la composition des repas se sont déstructurés et ne relèvent plus des usages sociaux préétablis. Dans les années 1950 et 1960, le régime steak salade sans pain ni féculents était de règle tant pour mincir que pour lutter contre l'excès de cholestérol. On a compris que la bonne table a encore de beaux jours devant elle.

Le chewing-gum permet de mastiquer un produit aromatisé sans absorber d'aliment.

Conception éditoriale et mise en page : CCBR

Texte : Sylvie Lagorce

Crédits photographiques
Akg images :
pp. 21c, 30b, 58.

Eyedear :
pp. 18b, 37a, 40b, 53b, 54ab, 64a, 74b.

Roger Viollet :
Couverture ; pp. 6, 8, 10a, 12, 13b, 14ab, 15a, 16a, 17ab, 20a, 21a, 22a, 23a, 24c, 25ac, 26, 27b, 28ab, 29a, 31ab, 32b, 33a, 34c, 35ab, 36b, 38, 41a, 42c, 47a, 50, 52c, 55c, 57ab, 59b, 60a, 61c, 62a, 63a, 65b, 66, 67b, 68a, 69a, 73a,

CCBR :
pp. 5, 6, 9abcd, 10bcd, 11abcd, 13ac, 14b, 15b, 16b, 17c, 18a, 19abcd, 20b, 21b, 22bc, 23b, 24ab, 25b, 27ac, 29bc, 30a, 31c, 32a, 33b, 34b, 36a, 37b, 39abc, 40ab, 41b, 42ab, 43ab, 44abc, 45abc, 46abcde, 47bcd, 48abcde, 49abcd, 51abc, 52ab, 53a, 54c, 55ab, 56abc, 59ac, 60b, 61ab, 62b, 63b, 64b, 65a, 67c, 68b, 69bc, 70abc, 71a, 72ab, 73bc, 74a, 75cd, 76, 77, pages de garde.

Antoine et Dominique Pascal - Archives & collections :
p. 34a.

François Bertin :
pp. 7, 67a, 71b, 75ab.

Collectionneurs : Michel André, Pascal Laguiche & Suzanne Douté.

Les Français à table - Collection souvenirs d'en France
Dépôt légal : septembre 2008
N° ISBN : 978-2-917728-45-1
Achevé d'imprimer : août 2009
Imprimé par : Pollina - France - L22081

MENU

Consommé Derby
Barquettes Agnès Sorel
…rne de Saumon Norvégienne
…ambon d'York Maréchale
…ilet de Charolais Parisienne
Poulardes à la Lambertye
Salade Danicheff
Suprêmes Sévigné
Glace Duchesse-Anne
Petits fours
Corbeilles de fruits

Kérozern, le 18 Juillet 1933.

GRAND HOTEL TARENTAISE HO… DES B…
LAFONT, Propriétaire, à BRIDES-LES-BA…

MENU

du 26 Août 19…

Lunch
Melon
Poissons Frits
Irish stew à l'anglaise
Viande froide à la gelée
Blettes au gratin
Compote
Fruits

DESSE…

H. MERMOZ PROPRE
AIX-LES-BAINS

MENU

Diner

Potage Santé
Colin sce Tartare
Train de Côte Bavar…
Aubergines à la Grec…
Volaille Broche
Salade
Montpensier
Pâtisseries
Desserts

27 Juillet

M…

Petites bouchées
Langouste à la Parisien…
Ris de veau jardinière
Poulardes de Bresse
Asperges sauce mousselin…
Fromages
Glace
Pièce montée
Petits fours - Fruits

Vins

Saumur et rosé d'Anjou en car…
Porto - Chablis - Pouilly
Saint Emilion Clos Ht Pourret
Chambertin 1921
Champagne
Muscat de Samos 1915

MENU

Consommé en Tas…
Cornet de Jambon d'…
à la mousse de Foie…
Médaillon de Langouste J…
Filet de Bœuf Duch…
Chaud-Froid de Vol…
Salade Excelsior
Glace Napolitain…
Petits Fours
Fruits

Madère - Porto
Muscadet
Château Lacomque
Bourgogne
Champagne Ayala
Café

VICHY

Gd HOTEL DE BADE
et de Notre-Dame

F. MIGNOT

Déjeuner du 3 Août

Radis Beurre
Oeufs Beurre noir
Sauté de Veau aux Cèpes
Filets grillés Mre d'hôtel
Pommes Lyonnaise
Viande froide à la Gelée